U1070134

高等教育自学考试系列辅导丛书
编　委　会

丛书前言

依靠自己的力量，在有限的时间里学习一门新学科，从不懂到懂，从不会到会，从不理解到理解，从容易遗忘到记忆深刻，从不会应用到熟练应用，从模仿到创新，把书本知识内化为自己的知识，是一个艰难的过程。在这个过程中，自学者不仅需要认真钻研考试大纲，刻苦学习教材和辅导书，还应该做适量的练习，把学和练有机地结合起来，否则就不能达到预定的学习目标。“纸上得来终觉浅，绝知此事要躬行。”这是每一位自学者都应遵循的信条。

编写模拟试题，同样是不容易的事。它对编写者提出了相当高的要求：

●有较深的学术造诣；

●有较丰富的教学经验；

●对高等教育自学考试有深刻的理解并有一定的辅导自学者的经历；

●对考试大纲、教材、辅导书有深入的了解，对文中的重点、难点、相互联系等有准确的理解；

●对自学者的学习需要和已有的知识基础有一定的了解。

只有把这些因素融会在一起，编写者才能编写出高质量的，有利于自学者举一反三、事半功倍的练习题。

基于对学习目标的考虑，我们把模拟试题大致分为四个步骤：

第一，单项练习：针对一个知识点而设计的练习题。其目的在于帮助自学者理解和记忆基本概念和理论。

第二，创造性练习：提供一些案例、事实、材料，使自学者应用所学的理论、观点、方法创造性地解决问题。这类问题可能没有统一的答案，只有一些参考性的思路。其目的很明显，就是培养自学者的创新意识和能力。

第三，综合自测练习：在整个学科范围内设计练习题，尽量参考考试大纲要求的题型，组成类似考卷的练习题。其目的在于使自学者及时检测全部学习状况，帮助自学者做好迎接统一考试的知识及心理准备。

第四，历届试题练习：旨在帮助自学者能按正规考试要求进行学习效果的测试。

子曰："学而时习之，不亦乐乎。"一边学，一边练，有节奏、有规律地复习，不仅提高了学习效率，也会给艰难的学习过程带来不少的快乐。圣人能够体会到这一点，我们每一位自学者同样能体会到。如果通过这样的学习过程，实现了学习目标，实现了人生的理想，实现了对自我的不断超越，那么我们说这种学习其乐无穷也毫不夸张。

高等教育自学考试系列辅导丛书的编写和出版工作是一项艰巨而复杂的文化系统工程，需要付出很多的时间与精力来完成。立足现状，不骄不馁；展望未来，任重道远。我们满怀信心，肩负教育事业赋予文化企业的使命，承担科教兴国的中国教育梦，责无旁贷，无怨无悔。我们坚信只要怀有对文化教育事业的诚挚热爱，心系考生，情牵教育，胜利与成功一定属于付出努力的人。

英华教育自考命题研究组

2017年9月

第二版编写说明

《中国近现代史纲要模拟试题集》系全国高等教育自学考试本科阶段各专业必修的思想政治理论课程中国近现代史纲要的配套参考用书。该课程是依据2004年8月《中共中央国务院关于进一步加强和改进大学生思想政治教育的意见》和2005年2月与3月中宣部、教育部《关于进一步加强和改进高等学校思想政治理论课的意见及其实施方案的通知》而开设的，它兼备思想政治理论课和历史课的特点。自2015年使用新版教材以来尚未出版一本以供考生练习使用的复习资料。而该课程内容多，难度大，且是一门应用性、专业性及知识性较强的学科。为此，考生在复习迎考时常觉得无从下手。为了满足广大考生复习备考之需求，我们根据长期从事高等教育自学考试教学和管理的经验，历时一年，精心编写了本书，编写体例在原有的基础上进行了重新设置。第一版自出版以来，受到广大助学教师及考生的关注及青睐。为了更好地帮助教师和考生，我们在第一版的基础上做了更新与补充，使其更贴近考试要求。

在编写时，我们依据全国高等教育自学考试委员会发布的《中国近现代史纲要自学考试大纲》和高等教育出版社出版的《中国近现代史纲要》（2015年版）（李捷、王顺生主编）以及历年考试试卷，并结合经济社会的快速发展，新的法律法规的不断出台，科技成果的不断涌现，以模拟试题形式组织编写了本书。编写时，力求做到重点突出、内容全面，既有针对性，又有较强的实用性。模拟试卷包括单项选择题、简答题和论述题等常规考试题型以及近年自考试卷真题，并配有较为完整的参考答案，以供考生练习使用。

模拟试题毕竟不是真正的考试题，有其局限性，希望考生在认真研读教材、大纲的基础上去练习，不可本末倒置，置教材、大纲于不顾，而一味地做题、猜题、押题，相信考生能理解我们编写此书的良苦用心。“书山有路勤为径，学海无涯苦作舟。”辅导书固然好，但也只是一个助手，在通往成功的路上，更多的是需要自学者的勤奋和努力。

“梅花香自苦寒来”，考生在学习中国近现代史纲要课程的过程中，只有掌握恰当的学习方法，熟读所学内容，多做练习，才能学好这门课程，取得优异的成绩，实现梦想。

知识随时在更新，我们会根据新形势、新情况，兼顾广大考生需求，编写出更多、更新、更适合自考、更符合自考规律的辅导书。

在编写本书时，我们吸收了国内同行的许多经验和优秀教学成果，并得到西南科技大学自考办、四川旅游学院继续教育学院、四川科技职业学院自考办、成都航空职业技术学院继续教育学院、四川英华教育文化传播有限公司、西南财经大学出版社等单位的大力支持，在此一并表示感谢。

由于编写时间仓促和经验不足，错误与遗漏在所难免，希望考生和助学教师在使用过程中批评指正，我们将会在再版时，进行更新与补充。

英华教育自考命题研究组

2018 年 7 月于成都

目 录

第一编 综合模拟试卷

第二编　近年自考试题汇编

第一编
综合模拟试卷

全国高等教育自学考试
中国近现代史纲要模拟试卷一

（课程代码　**03708**）

第一部分　选择题（50分）

一、单项选择题（本大题共25小题，每小题2分，共50分。在每小题列出的四个备选项中只有一个是符合题目要求的，请将其代码填写在题后的括号内。错选、多选或未选均无分）

1. 1842年，中英《南京条约》开放的通商口岸是（　　）。

A. 广州、厦门、福州、南京、上海

B. 广州、汉口、福州、南京、上海

C. 广州、厦门、福州、宁波、上海

D. 广州、汉口、福州、宁波、上海

2. 中国最早的一批产业工人产生在（　　）。

A. 洋务企业中　　B. 外国资本经营的近代工商业中

C. 民族资本主义企业中　　D. 私人小作坊中

3. 中国近代史上第一个具有资本主义色彩的改革和建设方案是（　　）。

A.《海国图志》　　B.《资政新篇》

C.《天朝田亩制度》　　D.《变法通议》

4. 1978年12月中共十一届三中全会以来改革开放新时期的最突出的标志是（　　）。

A. 改革开放　　B. 快速发展

C. 以人为本　　D. 与时俱进

5. 我国第一批对外开放的经济特区是（　　）。

A. 深圳、珠海、广州、厦门　　B. 深圳、广州、厦门、汕头

C. 深圳、广州、福州、厦门　　D. 深圳、珠海、厦门、汕头

6. 1958 年提出的社会主义建设总路线的缺点是（　　）。

A. 高指标　　B. 多、快、好、省

C. 浮夸风　　D. 忽视客观规律

7. 资产阶级革命派同改良派论战的焦点是（　　）。

A. 要不要实现“耕者有其田”

B. 要不要以革命手段推翻清政府

C. 要不要推翻帝制，实现共和

D. 要不要进行社会革命

8. 清末保路运动是（　　）。

A. 一场事关民族权益和个人利益的运动

B. 保护道路不受破坏的运动

C. 各省立宪派自始至终倡导武装保路

D. 直接导致了清政府的覆亡

9. 袁世凯建立的北洋军阀政权代表的是（　　）。

A. 大地主和买办资产阶级的利益

B. 大资产阶级的利益

C. 民族资本家和中小资产阶级的利益

D. 无产阶级和广大人民的利益

10. 标志着党在指导思想上拨乱反正胜利完成的事件是（　　）。

A.《关于建国以来党的若干历史问题的决议》的通过

B. 1982 年平反冤、假、错案工作的结算

C. 中共十一届五中全会为刘少奇平反和恢复名誉

D. 中国共产党第十二次代表大会的召开

11. 五四运动的导火线是（　　）。

A. 德国强占胶州湾　　B. 巴黎和会的召开

C. 巴黎和会上中国外交的失败　　D.《九国公约》的签订

12. 中共成立后，组织成立的领导工人运动的专门机关是（　　）。

A. 全国工人总工会　　B. 京汉铁路总工会

C. 中国青年党　　D. 中国劳动组合书记部

13. 在中间派别中，由邓演达领导的是（　　）。

A. 中国国民党临时行动委员会　　B. 乡村建设派

C. 中国青年党　　D. 中国国家社会党

14. 1927 年 8 月 7 日，中共中央在汉口秘密召开紧急会议，确定的方针是（　　）。

A. 土地革命和武装斗争　　B. 独立领导中国革命

C. 建立广泛的统一战线　　D. 建立农村革命根据地

15. 客观上宣告"文化大革命"理论和实践失败的事件是（　　）。

A. 刘少奇冤案

B. 林彪反革命集团策动反革命武装政变

C. 江青发动的"批林批孔"运动

D. 天安门事件

16. 标志着十年内战局面结束，国内和平基本实现，成为扭转时局关键的事件是（　　）。

A."一二·九"运动　　B. 瓦窑堡会议

C. 西安事变和平解决　　D. 七七事变

17. 中共中央发表的《抗日救国十大纲领》指出，打倒日本帝国主义的关键在于（　　）。

A. 坚持无产阶级的领导权

B. 发动独立自主的游击战

C. 国民党正面战场应发挥主导

D. 使抗战成为全面的全民族的抗战

18. 提出“精兵简政”政策的是（　　）。

A. 林伯渠　　B. 李鼎铭

C. 董必武　　D. 邓演达

19. 中国共产党指出，战胜蒋介石的政治基础是（　　）。

A. 人民解放战争所具有的爱国的正义的革命的性质，必然要获得全国人民的拥护

B. 蒋介石多行不义必自毙

C. 美国看着中国共产党壮大，不会总站在国民党这边

D. 中国共产党力量不断壮大

20. 解放战争前期，明确规定废除封建性及半封建性剥削的土地制度的文献是（　　）。

A.《关于清算、减租及土地问题的指示》

B.《中国土地法大纲》

C.《五四指示》

D.《中华人民共和国土地法大纲》

21. 标志着民盟站到了新民主主义革命的立场上来的是（　　）。

A. 民盟一届三中全会

B. 国民党当局宣布民盟“为非法团体”

C. 民盟总部发表公告

D. 中国民主同盟全国代表大会

22. 新中国成立初期中国共产党为争取国家财政经济状况根本好转而召开的会议是（　　）。

A. 七届二中全会　　B. 七届三中全会

C. 最高国务会议　　D. 中共八大

23. “三反”主要针对的对象是（　　）。

A. 资本家　　B. 党政机关工作人员

C. 工商业经营者　　D. 旧政权中留下来的工作人员

24. 初级农业生产合作社具有（　　）。

A. 社会主义的萌芽性质　　B. 半社会主义的性质

C. 完全社会主义的性质　　D. 新民主主义社会的性质

25. 中共八大的指导思想是（　　）。

A. 调动一切积极因素，进行社会主义现代化建设

B. 正确处理人民内部矛盾

C. 加强人民民主专政，加强各民族的团结

D. 积极探索适合中国国情的经济体制

第二部分　非选择题（50分）

二、简答题（本大题共5小题，每小题6分，共30分）

26. 简述太平天国农民战争爆发的原因。

27. 简述洋务派兴办洋务的主要内容。

28. 简述中国的红色政权存在和发展的原因和条件。

29. 简述中国人民的抗日战争对世界反法西斯战争的贡献。

30. 简述中共十七大的主题和完成的使命。

三、论述题（本大题共 3 小题，考生任选其中 2 题作答，每小题 10 分，共 20 分。如果考生回答的题目超过 2 题，只按考生回答题目的前 2 题计分）

31. 论述中国共产党的成立是“开天辟地”的大事件。

32. 论述以毛泽东为主要代表的中国共产党人早期在探索建设社会主义道路上所取得的成果。

33. 论述中国共产党提出的过渡时期总路线反映了历史的必然。

全国高等教育自学考试
中国近现代史纲要模拟试卷一
参考答案

（课程代码　**03708**）

一、单项选择题（本大题共 25 小题，每小题 2 分，共 50 分）

1. C	2. B	3. B	4. D	5. D	6. D	7. B	8. A	9. A
10. A	11. C	12. D	13. A	14. A	15. B	16. C	17. D	18. B
19. A	20. B	21. A	22. B	23. B	24. B	25. A		

二、简答题（本大题共 5 小题，每小题 6 分，共 30 分）

26. 答：第一，根本原因是封建专制政权和地主阶级对农民的政治压迫和经济剥削。

第二，鸦片战争使中国社会的阶级矛盾普遍激化。鸦片战争中清政府所消耗的战争经费、战争赔款都摊派给各省担负，其结果便层层转嫁给农民。鸦片战争后，外国商品输入，鸦片贩卖年年激增，加速了中国社会经济的萎缩，影响人民生计。

第三，太平天国农民起义发生前十年，包括广西在内全国自然灾害频发，大量灾民流离失所。残酷的压迫和剥削，迫使广大人民走上了反抗的道路。

27. 答：第一，兴办近代企业，洋务派最早兴办的是军用工业，30 余年中先后创办了 24 个兵工厂。为了解决军事工业原料和交通运输需要，以及弥补亏空，从 19 世纪 70 年代开始，洋务派开始创办民用企业。

第二，建立新式海陆军。到 19 世纪 90 年代，分别建成福建水师、广东水师、南洋水师、北洋水师。北洋水师是清政府的主力。

第三，创办新式学堂、派遣留学生。为了培养懂得西方先进技术的专业人才，洋务派先后创办新式学堂30多所，先后派遣4批120名幼童赴美学习。

28. 答：第一，中国是一个被几个帝国主义国家间接统治的政治经济发展极端不平衡的半殖民地半封建的大国。这是红色政权能够存在和发展的根本原因。

第二，第一次国内革命战争的影响。这是一个客观条件。

第三，全国革命形势的继续向前发展。这是又一个客观条件。

第四，相当力量的正式红军的存在。这是红色政权存在的主观条件。

第五，共产党组织的坚强有力和各项政策的正确贯彻执行。这是又一个主观条件。

29. 答：第一，中国人民抗日战争是世界反法西斯战争的重要组成部分。中华民族为世界反法西斯战争的胜利做出了巨大的民族牺牲。

第二，中国人民抗日战争是世界反法西斯战争的东方主战场。在世界反法西斯战争中，中国人民抗日战争开始最早，持续时间最长。

第三，中国人民的持久抗战，不仅遏制了日本的“北进”计划，迟滞了日本的“南进”步伐，而且大大减轻了其他战场的压力，为同盟军队完成太平洋战场转折和实施战略反攻创造了有利条件。

30. 答：第一，十七大的主题是：高举中国特色社会主义伟大旗帜，以邓小平理论和“三个代表”重要思想为指导，深入贯彻落实科学发展观，继续解放思想，坚持改革开放，推动科学发展，促进社会和谐，为夺取全面建设小康社会新胜利而奋斗。

第二，大会完成了三项使命：一是审议并一致通过了胡锦涛同志代表第十六届中央委员会作的大会报告。二是审议并一致通过了党章修正案。三是选举产生新一届党的中央委员会。

三、论述题（本大题共3小题，考生任选其中2题作答，每小题10分，共20分。如果考生回答的题目超过2题，只按考生回答题目的前2题计分）

31. 答：中国共产党的成立是一个“开天辟地”的大事件，具有划时代的伟大意义。

第一，它标志着中国革命终于有了一个坚强的领导核心。中国共产党不仅代表了中国工人阶级的利益，而且代表着中国人民和中华民族的利益。它的成立使中国革命有了可信赖的组织者和领导者，使中国工人阶级有了自己的司令部。

第二，中国革命从此有了一个科学的指导思想，中国共产党以马克思列宁主义基本原理观察和分析中国的问题，为中国指明了斗争的目标、革命的前途和走向胜利的道路。

第三，沟通了中国革命与世界革命的联系，把中华民族的解放运动同世界无产阶级社会主义革命运动相联结并成为其中一部分，使中国革命有了新的前途。

总之，正如毛泽东同志指出的，自从有了中国共产党，中国革命的面目就焕然一新了。

32. 答：从 1956 年年初开始，以毛泽东为主要代表的中国共产党人，对中国的社会主义建设道路进行了艰苦的探索，并开始取得积极的成果。

第一，1956 年 4 月，毛泽东发表《论十大关系》，提出了中国社会主义经济建设的若干新方针，提出调动一切积极的因素，把我国建设成一个强大的社会主义国家，为我国社会主义建设探索做出了良好的开局。

第二，1956 年 9 月，中共八大召开，大会正确地分析了国内的主要矛盾和主要任务，指出党和全国人民当前的主要任务是集中力量发展生产力。大会对经济建设、政治建设、执政党建设提出了正确的指导方针。大会集中全党智慧总结提出的探索中国建设社会主义道路的重要成果，对社会主义建设事业和党的事业的发展有着长远的指导意义。

第三，1957 年 2 月，毛泽东在扩大的最高国务会议上发表《关于正确处理人民内部矛盾的问题》的讲话，提出要把正确处理人民内部矛盾作为国家政治生活的主题。文章科学分析了社会主义社会的基本矛盾，概括提出了区分和处理敌我和人民内部两类矛盾的学说。

33. 答：（1）社会主义性质的国营经济是实现国家工业化的主要基础。国家的社会主义工业化是国家独立和富强的必然要求和必要条件。

（2）资本主义经济力量弱小，发展困难，不能成为中国工业起飞的基础。通过国家资本主义的形式对资本主义工商业进行社会主义改造积累了初步经验。

（3）对个体农业进行社会主义改造，是保证工业发展、实现国家工业化的一个必要条件。必须通过农业合作化促进农业生产，以满足日益增长的人民生活和工业发展的需要。

（4）当时的国际环境也促使中国选择社会主义。新中国成立后，长期受到西方资本主义国家的封锁和遏制，只有社会主义的苏联援助中国。

全国高等教育自学考试
中国近现代史纲要模拟试卷二

（课程代码　03708）

第一部分　选择题（50 分）

一、单项选择题（本大题共 25 小题，每小题 2 分，共 50 分。在每小题列出的四个备选项中只有一个是符合题目要求的，请将其代码填写在题后的括号内。错选、多选或未选均无分）

1. 近代历史上中国人民第一次大规模反侵略的武装斗争是（　　）。

A. 三元里人民的抗英斗争　　B. 太平天国的反侵略斗争

C. 义和团抗击八国联军的斗争　　D. 台湾人民的反割台斗争

2. 我国社会主义改造基本完成后，党和国家的根本任务是（　　）。

A. 进行政治建设　　B. 进行文化建设

C. 保护和发展生产力　　D. 进行社会建设

3. 戊戌维新运动发生在（　　）。

A. 鸦片战争后　　B. 中法战争后

C. 中日甲午战争后　　D. 八国联军侵华战争后

4. 中国近代海军的建立是在（　　）。

A. 第一次鸦片战争时期　　B. 第二次鸦片战争时期

C. 洋务运动时期　　D. 中日甲午战争时期

5. 中国第一个资产阶级性质的政党是（　　）。

A. 兴中会　　B. 华兴会

C. 中国同盟会　　D. 中华革命党

6. 号召人民推翻清朝统治的著作《革命军》的作者是（　　）。

A. 黄兴　　B. 章炳麟

C. 邹容　　D. 陈天华

7. 1978 年 12 月 13 日，邓小平在中央工作会议闭幕会上所做的讲话是（　　）。

A.《解放思想，实事求是，团结一致向前看》

B.《坚持四项基本原则》

C.《目前的形势和任务》

D.《对起草（关于若干历史问题的决议）的意见》

8. 新文化运动倡导的是（　　）。

A. 资产阶级的民主主义　　B. 无产阶级的民主主义

C. 小资产阶级的自由主义　　D. 农民阶级的平均主义

9. 中国新民主主义革命的开端是（　　）。

A. 新文化运动　　B. 五四运动

C. 北伐战争　　D. 抗日战争

10. 毛泽东提出“须知政权是由枪杆子中取得的”著名论断是在（　　）。

A. 中共一大　　B. 中共二大

C. 八七会议　　D. 遵义会议

11. 中国共产党独立领导革命战争、创建人民军队始于（　　）。

A. 南昌起义　　B. 秋收起义

C. 广州起义　　D. 百色起义

12. 新民主主义革命的基本问题是（　　）。

A. 政权问题　　B. 农民问题

C. 军队问题　　D. 领导权问题

13. 中国共产党正式提出建立抗日民族统一战线政策的会议是（　　）。

A. 遵义会议　　B. 洛川会议

C. 瓦窑堡会议　　D. 延安会议

14. 标志十年内战结束、国内和平基本实现的事件是（　　）。

A. 九一八事变　　B. 西安事变

C. 卢沟桥事变　　D. 八一三事变

15. 1980 年 5 月，邓小平发表《关于农村政策的谈话》，肯定了（　　）。

A. 包干到户形式　　B. 包产到户形式

C. 包干到组形式　　D. 包产到组形式

16. 把“三个代表”重要思想确立为中国共产党指导思想的大会是（　　）。

A. 中共十三大　　B. 中共十四大

C. 中共十五大　　D. 中共十六大

17. 解放区军民粉碎国民党军队的重点进攻是在（　　）。

A. 1947 年 3 月　　B. 1947 年 4 月

C. 1947 年 6 月　　D. 1947 年 7 月

18. 国统区人民所进行的第二条战线的斗争，以（　　）。

A. 工人运动为发端　　B. 农民运动为发端

C. 学生运动为发端　　D. 城镇贫民运动为发端

19.《共同纲领》最基本、最核心的内容是关于新中国的（　　）。

A. 国体和政体的规定　　B. 基本的民族政策

C. 经济工作方针　　D. 外交工作原则

20. 中国现代史的开端是（　　）。

A. 没收封建地主阶级的土地　　B. 没收官僚资本

C. 赎买民族资本　　D. 没收帝国主义在华企业

21. 毛泽东向全世界宣告“占人类总数四分之一的中国人从此站立起来了”是在（　　）。

A. 中华人民共和国开国大典上

B. 中国人民政治协商会议第一届全体会议开幕词中

C.《论人民民主专政》中

D. 中国人民政治协商会议第一届全体会议闭幕词中

22. 提出争取国家财政经济状况基本好转任务的会议是中共（　　）。

A. 七届二中全会　　B. 七届三中全会

C. 七届四中全会　　D. 七届五中全会

23. 社会主义制度在中国确立的主要标志是（　　）。

A. 中华人民共和国的成立　　B. 社会主义改造的基本完成

C. 全国大陆的统一　　D. 国民经济的恢复

24. 毛泽东在《论十大关系》中提出的中国社会主义建设的基本方针是（　　）。

A. 不要四面出击

B. 调整、巩固、充实、提高

C. 积极引导，稳步前进

D. 调动一切积极因素为社会主义事业服务

25. 社会主义改造基本完成后，我国政治生活的主题是（　　）。

A. 依法治国　　B. 正确处理人民内部矛盾

C. 坚持四项基本原则　　D. 进行政治体制改革

第二部分　非选择题（50分）

二、简答题（本大题共5小题，每小题6分，共30分）

26. 简述近代中国民族资产阶级的两面性。

27. 简述新民主主义革命的基本纲领。

28. 简述中国共产党建国方案的主要内容及其评价。

29. 简述新中国建立初期，“三反”“五反”运动的内容和意义。

30. 简述中共十七大的主题。

三、论述题（本大题共 3 小题，考生任选其中 2 题作答，每小题 10 分，共 20 分。如果考生回答的题目超过 2 题，只按考生回答题目的前 2 题计分）

31. 试述中国抗日战争胜利的伟大历史意义。

32. 试述中共十一届三中全会以来改革开放和社会主义现代化建设取得的成就以及这些成就的取得说明了什么。

33. 试述中共八大是如何分析我国社会主义改造后国内的主要矛盾和主要任务的。

全国高等教育自学考试
中国近现代史纲要模拟试卷二
参考答案

（课程代码　**03708**）

一、单项选择题（本大题共25小题，每小题2分，共50分）

1. A	2. C	3. C	4. C	5. C	6. C	7. A	8. A	9. B
10. C	11. A	12. B	13. C	14. B	15. B	16. D	17. C	18. C
19. A	20. D	21. B	22. B	23. B	24. D	25. B		

二、简答题（本大题共5小题，每小题6分，共30分）

26. 答：民族资产阶级在其生存和发展过程中，一方面受到外国资本主义和本国封建主义的压迫，在一定条件下可以参加反帝反封建的革命或在斗争中保持中立；另一方面因其力量薄弱，又与外国资本主义和本国封建主义有着千丝万缕的联系，在斗争中缺乏彻底的革命性。中国资产阶级的两重特点和双重性格，决定它不可能引导中国的民主革命走向胜利。

27. 答：党的二大宣言规定了中国共产党的最高纲领和最低纲领。党的最高纲领是实现社会主义、共产主义。党的最低纲领，即党在当前阶段也就是民主革命阶段的纲领是：消除内乱，打倒军阀，建设国内和平；推翻国际帝国主义的压迫，达到中华民族完全独立；统一中国为真正的民主共和国。这是在中国半殖民地半封建社会条件下走向社会主义、共产主义的不可超越的一个阶段。中共二大在中国近现代历史上第一次明确提出了反帝反封建的民主革命纲领。

28. 答：中国共产党从中华民族和中国最广大人民的根本利益出发，提出了自己的完整的建国方案。其主要内容是：在工人阶级及其政党的领导下，通过彻底的反帝反封建的民主革命，即新民主主义革命，建立一个工人阶级领导的、以工农联盟为基础的、团结一切可以团结的力量的人民民主专政的人民共和国。这也是中国共产党领导中国人民进行新民主主义革命所要实现的基本目标。这一方案是引导中华民族和中国人民取得民族独立和人民解放从而为实现国家富强开辟道路的科学的建国方案。

29. 答：（1）针对不法资本家行贿党政干部情况的严重发展，1951 年年底到 1952 年春，中国共产党在党政机构工作人员中开展了反贪污、反浪费、反官僚主义的“三反”运动，处决了犯有严重贪污罪行的中共天津地委前任书记刘青山、现任书记张子善，处理了一批党政干部。这次运动教育了干部的大多数，挽救了犯错误的同志，清除了党的队伍和国家干部队伍中的腐化分子，有力地抵制了旧社会恶习和资产阶级的腐蚀，对于在执政的条件下保持共产党人的革命精神，促进中国共产党和人民政府的廉政建设，起到了重要的作用。

（2）1952 年 1 月，中共中央决定开展反行贿、反偷税漏税、反盗窃国家资财、反偷工减料、反盗窃国家经济情报的“五反”运动。要求依靠工人阶级，团结守法的资本家及其他市民，揭露违法资本家的“五毒”行为。“五反”运动历时半年，打击了不法资本家严重的“五毒”行为，在工商业者中普遍进行了一次守法经营的教育，推动了在私营企业中建立工人监督和实行民主改革。

30. 答：2007 年 10 月 15 日至 21 日，中国共产党第十七次全国代表大会在北京举行。大会的主题是：高举中国特色社会主义伟大旗帜，以邓小平理论和“三个代表”重要思想为指导，深入贯彻落实科学发展观，继续解放思想，坚持改革开放，推动科学发展，促进社会和谐，为夺取全面建设小康社会新胜利而奋斗。

三、论述题（本大题共 3 小题，考生任选其中 2 题作答，每小题 10 分，共 20 分。如果考生回答的题目超过 2 题，只按考生回答题目的前 2 题计分）

31. 答：中国人民抗日战争，是近代以来中华民族反抗外敌入侵第一次取得完全胜利的民族解放战争，是 20 世纪中国和人类历史上的重大事件。

（1）中国人民抗日战争的胜利，彻底打败了日本侵略者，捍卫了中国的国家主权和领土完整，使中华民族避免了遭受殖民奴役的厄运。

（2）中国人民抗日战争的胜利，促进了中华民族的觉醒，使中国人民在精神上、组织上的进步达到了前所未有的高度。

（3）中国人民抗日战争的胜利，促进了中华民族的大团结，弘扬了中华民族的伟大精神。

（4）中国人民抗日战争的胜利，对世界人民战胜法西斯、维护世界和平的伟大事业产生了巨大影响，为最终战胜世界法西斯势力做出了历史性贡献，在全世界人民面前树立了一个以弱胜强的范例，显著提高了中国的国际地位和国际影响。

32. 答：中共十一届三中全会以来取得的十大成就：

（1）综合国力和国际竞争力显著提高。

（2）人民生活总体上达到小康水平。

（3）经济体制改革和对外开放取得重大进展。

（4）社会主义民主政治建设稳步推进。

（5）社会主义精神文明建设成效显著。

（6）民族政策和宗教政策得到全面贯彻。

（7）祖国统一大业取得重大进展。

（8）国防和军队建设迈出新步伐。

（9）积极开展全方位外交。

（10）党的建设——新的伟大工程全面推进。

深刻的历史启示：（1）中国特色社会主义道路是民族复兴的必由之路。

中国特色社会主义，是当代中国发展进步的旗帜，是全党全国各族人民团结奋斗的旗帜。中国特色社会主义道路之所以正确、之所以能够引领中国发展进步，关键在于我们既坚持了科学社会主义的基本原则，又根据我国实际赋予其鲜明的中国特色。

实践充分证明，中共十一届三中全会以来中国共产党开辟的中国特色社会主义道路，确立的基本理论、基本路线、基本纲领、基本经验，是完全正确的。

（2）居安思危，长期艰苦奋斗。

中国正处于并将长期处于社会主义初级阶段，实现中华民族的伟大复兴还有很长的道路要走。要从根本上改变中国的落后状况，就必须增强忧患意识，居安思危，长期艰苦奋斗，聚精会神搞建设，一心一意谋发展。

33. 答：我国国内的主要矛盾是人民对于建立先进的工业国的要求同落后的农业国的现实之间的矛盾，以及人民对于经济文化迅速发展的需要同当前经济文化不能满足人民需要的状况之间的矛盾。这一矛盾的实质即是先进的社会主义制度同落后的社会生产力之间的矛盾。党和全国人民当前的主要任务是集中力量解决这个矛盾，把我国尽快地从落后的农业国变为先进的工业国。

全国高等教育自学考试
中国近现代史纲要模拟试卷三

（课程代码　**03708**）

第一部分　选择题（50分）

一、单项选择题（本大题共25小题，每小题2分，共50分）在每小题列出的四个备选项中只有一个是符合题目要求的，请将其代码填写在题后的括号内。错选、多选或未选均无分。

1. 近代第一个对中国发动侵略战争的帝国主义列强是（　　）。

A. 法国　　B. 美国

C. 英国　　D. 日本

2. “文化大革命”的导火线是（　　）。

A.《评新编历史剧〈海瑞罢官〉》在上海《文汇报》发表

B.“五一六通知”的通过

C. 中共八届十一中全会的召开

D.《炮打司令部——我的一张大字报》的发表

3. 强行割去我国台湾全岛及所有附属岛屿和澎湖列岛的不平等条约是（　　）。

A.《虎门条约》　　B.《黄埔条约》

C.《辛丑条约》　　D.《马关条约》

4.《天朝田亩制度》的中心内容是（　　）。

A. 推翻清政府的统治　　B. 反对帝国主义的侵略

C. 解决土地问题　　D. 促进农副业生产发展

5. 科学发展观的核心是（　　）。

A. 和谐发展　　B. 以人为本

C. 统筹兼顾　　D. 可持续发展

6. “百日维新”失败后，唯一保留下来的新政措施是（　　）。

A. 准许上书言事

B. 开设京师大学堂和各地新式学堂

C. 改革科举制度

D. 改革国家财政

7. 近代中国第一个资产阶级革命团体是（　　）。

A. 兴中会　　B. 华兴会

C. 光复会　　D. 岳王会

8. 1980 年 5 月，中共中央决定在深圳等地设立（　　）。

A. 经济技术开发区　　B. 经济特区

C. 改革开放试验区　　D. 高新技术开发区

9. 中华民国南京临时政府的性质是（　　）。

A. 封建地主阶级政权　　B. 地主、买办资产阶级政权

C. 救国图存　　D. 小资产阶级的民主共和国

10. 新文化运动的主要内容是（　　）。

A. “自强”“求富”　　B. 传播马克思主义

C. 救国图存　　D. 提倡民主和科学

11. 中国早期接受、宣传马克思主义的先进分子中发表《马克思主义》一文的是（　　）。

A. 杨匏安　　B. 蔡和森

C. 陈独秀　　D. 周恩来

12. 黄埔军校同旧式军校的根本区别在于（　　）。

A. 注重军事训练

B. 注重文化学习

C. 注重培养爱国思想和革命精神

D. 聘请外国军事顾问

13. 1935 年 6 月，中央红军和红四方面军会师于（　　）。

A. 四川懋功　　B. 陕北吴起镇

C. 四川甘孜　　D. 甘肃会宁

14. 毛泽东提出“须知政权是由枪杆子中取得的”著名论断的会议是（　　）。

A. 中共四大　　B. 中共六大

C. 八七会议　　D. 遵义会议

15. 红军长征前组成北上抗日先遣队，为首的是（　　）。

A. 方志敏　　B. 叶挺

C. 博古　　D. 杨靖宇

16. 日本开始变中国为其独占殖民地的侵华战争的标志是（　　）。

A.“七七”事变　　B.“一·二八”事变

C.“九一八”事变　　D. 华北事变

17. 抗日根据地建设的首要的、根本的任务是（　　）。

A. 加强文化建设　　B. 加强经济建设

C. 加强政权建设　　D. 加强社会建设

18. 标志着毛泽东理想得到多方面展开而达到成熟的是（　　）。

A. 新民主主义理论的系统阐明

B. 农村包围城市，武装夺取政权道路理论的系统阐述

C. 社会主义改造理论的系统阐明

D. 社会主义建设思想的系统阐述

19. 1981 年 6 月中共十一届六中全会通过的文件是（　　）。

A. 关于党的若干历史问题的决议

B. 关于建国以来党的若干历史问题的决议

C. 关于社会主义精神文明建设的决议

D. 关于建立社会主义市场经济体制的决定

20. 1947 年 10 月 10 日，中国人民解放军总部发表宣言，正式提出的行动口号是（　　）。

A. “反对内战，争取自由”　　B. “反饥饿、反内战、反迫害”

C. “打倒蒋介石，解放全中国”　　D. “向北发展，向南防御”

21. 1948 年 1 月，民盟一届三中全会明确宣告（　　）。

A. 不接受解散民盟的任何决定，并恢复民盟总部

B. 今后要与中国共产党携手合作

C. 民盟坚决不能够在是非曲直之间有中立的态度

D. 要同国民党进行谈判

22. 新中国成立初期，中国共产党对私营工商业的生产关系、劳资关系和产销关系进行全面调整的原则是（　　）。

A. “消灭资本主义”　　B. “经销代销”

C. “统购统销”　　D. “公私兼顾、劳资两利”

23. 1951 年年底到 1952 年春，中国共产党在党政机构工作人员中开展的运动是（　　）。

A. 镇压反革命运动　　B. 整党运动

C. “五反”运动　　D. “三反”运动

24. 中共中央明确提出“和平、民主、团结”的口号是在（　　）。

A. 1943 年 8 月 25 日　　B. 1944 年 8 月 25 日

C. 1945 年 8 月 25 日　　D. 1946 年 8 月 25 日

25. 毛泽东在《论十大关系》中提出我国社会主义建设必须围绕的一个基本方针是（　　）。

A. 发展生产力，把我国尽快地从落后的农业国变为先进的工业国

B. 正确处理无产阶级同资产阶级的矛盾

C. 调动一切积极因素，为社会主义事业服务

D. 彻底消灭剥削制度，继续肃清反革命残余势力

第二部分　非选择题（50 分）

二、简答题（本大题共 5 小题，每小题 6 分，共 30 分）

26. 简述《资政新篇》的主要内容。

27. 简述孙中山三民主义的主要内容。

28. 简述中共二大制定的民主革命纲领的主要内容及其意义。

29. 简述解放战争时期台湾和少数民族地区的人民民主运动。

30. 简述新中国成立初期，国民经济迅速恢复的原因。

三、**论述题**（本大题共3小题，考生任选其中2题作答，每小题10分，共20分。如果考生回答的题目超过2题，只按考生回答题目的前2题计分）

31. 论述资产阶级革命派与改良派论战的主要内容及意义。

32. 试述抗日战争胜利的基本经验。

33. 试述科学发展观的主要内容。

全国高等教育自学考试
中国近现代史纲要模拟试卷三
参考答案

（课程代码 **03708**）

一、单项选择题（本大题共25小题，每小题2分，共50分）

1. C	2. A	3. D	4. C	5. B	6. B	7. A	8. B	9. C
10. D	11. A	12. C	13. A	14. C	15. A	16. C	17. C	18. A
19. B	20. C	21. A	22. D	23. D	24. C	25. C		

二、简答题（本大题共5小题，每小题6分，共30分）

26. 答：第一，在政治方面，主张“禁朋党之弊”，加强中央集权；学习西方，制定法律、制度。

第二，在经济方面，主张发展近代工矿、交通、邮政、金融等事业；吸取外国的科学技术，奖励科技发明和机器制造；提倡资本主义的雇佣劳动制。

第三，在思想文化方面，提出设新闻官司、设“暗柜”，用于监督官员，改革弊政；主张革除缠足、溺（女）婴等社会陋习；提倡兴办学校、医院和社会福利事业。

第四，在外交方面，主张同世界各国交往、通商；强调外国人不得干涉天朝内政。

27. 答：民族主义包括“驱除鞑虏，恢复中华”两项内容。一是以革命手段推翻清王朝，改变它一贯推行的民族歧视和压迫政策；二是变“次殖民地”的中国为独立的中国。

民权主义的内容是“创立民国”，即推翻封建君主专制制度，建立资产阶级的民主共和国。

民生主义的内容为“平均地权”。基本方案是：核定地价，按价征税，涨价归公，按价收买。

28. 答：1922 年 7 月，中共二大制定了党的最低纲领，即党的民主革命纲领，即消除内乱，打倒军阀，建设国内和平；推翻国际帝国主义的压迫，达到中华民族完全独立；统一中国为真正的民主共和国。

中共二大在中国近现代历史上第一次明确提出了反帝反封建的民主革命纲领，科学地解决了长期以来中国民主民族革命没有明确革命的对象和动力、没有分清敌友等一系列革命的基本问题。中共二大后，党的民主革命纲领很快传播开来，并广为人们所接受。

29. 答：1947 年 2 月 28 日，台湾省台北市人民为反抗国民党当局的暴政、抗议反动军警屠杀市民，举行大规模示威游行。起义虽然失败了，但它有力地显示了台湾人民反对国民党的暴虐统治，争取人民民主的革命精神，是全国人民民主运动的重要组成部分。

抗日战争胜利后，原新疆省的伊犁、塔城、阿山（今阿勒泰）3 个专区的三区革命运动在新的历史条件下进一步发展。国民党政府迫于压力，派出代表团同三区革命政府代表团举行谈判，并于 1946 年 1 月初签订 11 项和平条款。但国民党政府很快就推翻和平条款，加紧镇压新疆人民的革命运动。新疆各族人民在艰苦的条件下继续坚持斗争。

1947 年年初，内蒙古东部大部和中部部分地区获得解放。同年 4 月，内蒙古人民代表会议在乌兰浩特举行，通过《内蒙古自治政府施政纲领》等文件。5 月 1 日，内蒙古自治政府宣告成立。内蒙古人民的斗争发展到了一个新阶段。

30. 答：国民经济迅速恢复的原因主要是：

第一，中共中央和人民政府紧紧抓住恢复和发展生产作为一切工作的中心，正确处理恢复国民经济同其他各项工作的关系；

第二，从当时的国情出发，制定了“不要四面出击”等正确方针政策，妥善处理公私关系、劳资关系等各种社会关系；

第三，刚刚执政的中国共产党加强自身的建设，保持和发扬党的优良传统和作用，及时有力地抵制了资产阶级的腐蚀。

三、论述题（本大题共3小题，考生任选其中2题作答，每小题10分，共20分。如果考生回答的题目超过2题，只按考生回答题目的前2题计分）

31. 答：1905年至1907年，以孙中山为代表的革命派和以康有为代表的改良派，分别以《民报》和《新民丛报》为主要舆论阵地展开论战。

这场论战主要围绕以下问题展开：第一，要不要以革命手段推翻清政府。这是论战的焦点。改良派认为革命会引起下层社会暴乱，中国只可改良、立宪。革命派认为革命不免流血，但可“救世救人”，革命就是为了建设。第二，要不要推翻帝制，实行共和。

32. 答：中国人民抗日战争的胜利积累了丰富的经验。主要是：

（1）全国各族人民的大团结，是中国人民战胜一切艰难困苦、实现抗战胜利的力量源泉。在抗日战争中，中华民族实现了空前的大团结，形成了真正意义上的全民族抗战。始终坚持以国共合作为基础、以中国共产党为中流砥柱的抗日民族统一战线，是实现和维护全国各族人民大团结的政治保证。没有全国各族人民的大团结，没有抗日民族统一战线，就没有抗日战争的伟大胜利。

（2）以爱国主义为核心的伟大民族精神是中国人民团结奋进的精神动力。这是抗日战争得以坚持和胜利的重要的思想保证。抗日战争大大丰富和升华了以爱国主义为核心的中华民族精神。中国共产党以其精诚团结、坚持抗战、献身民族的实际行动，成为中华民族精神的集中代表者，充分发挥出民族先锋队和阶级先锋队的作用，赢得了全中国人民的拥戴。

（3）中国人民热爱和平、反对侵略战争，同时又不惧怕战争。中国人民进行反侵略战争，是为了捍卫中华民族生存和发展的权利，是对世界反法西斯战争和人类进步事业的重大贡献。

33. 答：2007年6月25日，胡锦涛在中央党校发表重要讲话，系统地阐述了科学发展观的丰富内涵和根本要求。科学发展观第一要义是发展，核心是以人为本，基本要求是全面协调可持续，根本方法是统筹兼顾。

科学发展观是以胡锦涛为总书记的中共中央坚持以邓小平理论和“三个代表”重要思想为指导，从新世纪新阶段党和国家事业发展全局出发提出的重大战略思想。科学发展观同马克思列宁主义、毛泽东思想、邓小平理论、“三个代表”重要思想关于发展的思想一脉相承，是对经济社会发展一般规律的认识的进一步深化，是指导发展的世界观和方法论的集中体现，是推进社会主义经济建设、政治建设、文化建设、社会建设全面发展的指导方针。

全国高等教育自学考试
中国近现代史纲要模拟试卷四

（课程代码　**03708**）

第一部分　选择题（50分）

一、单项选择题（本大题共25小题，每小题2分，共50分。在每小题列出的四个备选项中只有一个是符合题目要求的，请将其代码填写在题后的括号内。错选、多选或未选均无分）

1. 近代中国的社会性质是（　　）。
   A. 封建社会　　B. 资本主义社会
   C. 半殖民地半封建社会　　D. 殖民地社会
2. 在近代中国各阶段中，革命的主力军是（　　）。
   A. 工人阶级　　B. 农民阶级
   C. 民族资产阶级　　D. 小资产阶级
3. 中央红军长征的起止时间是（　　）。
   A. 1934年10—1936年10月　　B. 1934年10—1935年10月
   C. 1935年10—1936年10月　　D. 1934年10—1935年10月
4. 太平天国由盛转衰的转折点是（　　）。
   A. 永安建制　　B. 金田起义
   C.《天朝田亩制度》的颁布　　D. 天京事变
5. 洋务派创办的官督商办的民用企业的性质基本上是（　　）。

A. 资本主义性质　　B. 封建主义性质

C. 半封建性质　　D. 半殖民地性质

6. 中法战争期间，率领清军和民众取得“镇南关大捷”的老将是（　　）。

A. 刘铭传　　B. 丁汝昌

C. 冯子材　　D. 关天培

7. 袁世凯建立的北洋军阀政权代表的是（　　）。

A. 大地主和买办资产阶级的利益

B. 大资产阶级的利益

C. 民族资本家和中小资产阶级的利益

D. 无产阶级和广大人民的利益

8. 辛亥革命前夕爆发的保路运动中，斗争尤为激烈的省份是（　　）。

A. 湖北　　B. 广东

C. 湖南　　D. 四川

9. 1860 年洗劫和烧毁圆明园的是（　　）。

A. 日本侵略军　　B. 俄国侵略军

C. 八国联军　　D. 英法联军

10. 共产党早期组织领导的第一个产业工会是（　　）。

A. 上海印刷工会　　B. 上海机器工会

C. 上海纺织工会　　D. 北京工人俱乐部

11. 中共三大的中心议题是（　　）。

A. 提出民主革命纲领

B. 讨论国共合作，建立革命统一战线问题

C. 制订开展工农运动计划

D. 批评陈独秀的右倾错误

12. 对 1927 年后共产党领导的红军和根据地斗争经验的科学概括是（　　）。

A. 以城市为中心然后向农村发展　B. 坚持党对军队的领导

C. 农村包围城市、武装夺取政权　D. 坚持党的建设

13. 中华苏维埃共和国实行（　　）。

A. 人民代表大会制度　　B. 各级工农兵代表大会制度

C. 代议制　　D. “三三制”

14. 毛泽东明确提出“马克思主义的中国化”命题是在（　　）。

A. 瓦窑堡会议　　B. 洛川会议

C. 中共六届六中全会　　D. 中共七大

15. 毛泽东思想作为党的指导思想确立于（　　）。

A. 遵义会议　　B. 1942 年整风运动

C. 中共七大　　D. 中共八大

16. 从法律上正式确立了中国共产党在全国的执政地位的文献是（　　）。

A. 中共七大党章

B. 中共七届二中全会报告

C.《中国人民政治协商会议共同纲领》

D. 1954 年《中华人民共和国宪法》

17. 新中国发展国民经济第一个五年计划的中间环节是（　　）。

A. 优先发展重工业　　B. 优先发展轻工业

C. 重点发展沿海工业　　D. 重点发展内地工业

18. 在中共八届一中全会上，当选为总书记的是（　　）。

A. 毛泽东　　B. 刘少奇

C. 邓小平　　D. 陈云

19. 抗日根据地建设的首要的、根本的任务是（　　）。

A. 加强文化建设　　B. 加强经济建设

C. 加强政权建设　　D. 加强社会建设

20. 标志着毛泽东思想得到多方面展开而达到成熟的是（　　）。

A. 新民主主义理论的系统阐明

B. 农村包围城市，武装夺取政权道路理论的系统阐述

C. 社会主义改造理论的系统阐明

D. 社会主义建设思想的系统阐述

21. 第一个五年计划期间建成的第一座长江大桥位于（　　）。

A. 南京　　B. 重庆

C. 武汉　　D. 九江

22. 以邓小平同志为核心的党的第二代领导集体形成于（　　）。

A. "文化大革命"的结束　　B. 十一届三中全会

C. 党的十二大　　D. 十四届三中全会

23. 邓小平明确提出"建设有中国特色的社会主义"命题的会议是（　　）。

A. 十一届三中全会　　B. 十二大

C. 十三大　　D. 十四大

24. 1957 年整风运动的主题是（　　）。

A. 正确处理人民内部矛盾　　B. 批评与自我批评

C. 改进党的作风　　D. 加强执政党建设

25. 1981 年 6 月中共十一届六中全会通过的文件是（　　）。

A.《关于党的若干历史问题的决议》

B.《关于建国以来党的若干历史问题的决议》

C.《关于建立社会主义市场经济体制的决定》

D.《关于社会主义精神文明建设的决议》

第二部分　非选择题（50 分）

二、简答题（本大题共 5 小题，每小题 6 分，共 30 分。）

26. 简述维新运动兴起的社会历史条件。

27. 简述西安事变及其和平解决的意义。

28. 简述台湾和少数民族人民对解放战争的贡献。

29. 简述 20 世纪 60 年代前中期的国民经济调整。

30. 简述我国现代化建设“三步走”的战略的主要内容。

三、**论述题**（本大题共 3 小题，考生任选其中 2 题作答，每小题 10 分，共 20 分。如果考生回答的题目超过 2 题，只按考生回答题目的前 2 题计分）

31. 试述近代中国半殖民地半封建社会的主要矛盾和特点。

32. 试述北洋军阀政府的黑暗统治。

33. 试述解放战争时期解放区的土地改革运动及其意义。

全国高等教育自学考试
中国近现代史纲要模拟试卷四
参考答案

（课程代码　**03708**）

一、单项选择题（本大题共 25 小题，每小题 2 分，共 50 分）

1. C	2. B	3. A	4. D	5. A	6. C	7. A	8. D	9. D
10. B	11. B	12. C	13. B	14. C	15. C	16. C	17. A	18. C
19. C	20. A	21. C	22. B	23. B	24. A	25. B		

二、简答题（本大题共 5 小题，每小题 6 分，共 30 分）

26. 答：（1）维新运动作为一次具有相当规模的政治运动的兴起，是列强在华划分势力范围、民族危机急剧激化的产物。

（2）中国民族资本主义的初步发展，是维新运动兴起的物质条件。一批早期维新思想家，要求清政府吸收西方国家进步的政治制度和文化，进行自上而下的社会政治改革，发展资本主义工商业。

（3）中日甲午战争后，人们普遍对洋务派所标榜的“求富”“自强”的口号产生怀疑，逐渐形成了一种共识，即要救国，只有维新。康有为、梁启超、谭嗣同、严复等成为推动维新思潮的领军人物，并于 1898 年把这种思潮发展成为一场变法维新的政治运动。

27. 答：（1）1936 年 12 月 12 日，张学良在对蒋介石“哭谏”无效的情况下，与杨虎城毅然实行“兵谏”，扣留了蒋介石，提出了改组南京政府、停止一切内战、召开救国会议等八项主张。这就是西安事变。

（2）中国共产党审时度势，从民族利益出发，确定促成事变和平解决的基本方针，并派周恩来等组成中共代表团赴西安谈判。经过与张学良、杨虎城以及南京方面代表宋美龄、宋子文的和平谈判，终于迫使蒋介石做出了停止“剿共”、联合红军抗日等六项承诺。

（3）西安事变的和平解决成为时局转换的枢纽，十年内战的局面由此结束，国内和平基本实现。

28. 答：（1）台湾人民“二二八”起义。1947 年 2 月 28 日，台湾省台北市人民为反抗国民党当局的暴政，举行大规模示威游行，遭到镇压。2 月底 3 月初，台湾各地汉族、高山族人民纷起响应，举行起义，并攻占台中、嘉义等城市。在国民党的镇压下，3 月 14 日，起义失败。“二二八”起义有力地显示了台湾人民反对国民党的暴虐统治，争取人民民主的革命精神。

（2）新疆“三区革命”。1944 年秋，原新疆省的伊犁、塔城、阿山（今阿勒泰）3 个专区的维吾尔、哈萨克等少数民族群众，为反对以军阀盛世才为代表的国民党反动派的压迫，爆发武装斗争，并于 1945 年建立革命政府，史称“三区革命”。国民党政府于 1946 年 1 月初与三区革命政府签订 11 项和平条款。但它很快就推翻和平条款，加紧镇压新疆人民的革命运动，新疆各族人民在艰苦的条件下继续坚持斗争。

（3）1947 年年初，内蒙古东部大部和中部部分地区获得解放。同年 4 月，内蒙古人民代表会议在乌兰浩特举行，通过《内蒙古自治政府施政纲领》等文件。5 月 1 日，内蒙古自治政府宣告成立。

29. 答：（1）1961 年 1 月，中共八届九中全会正式决定对国民经济实行“调整、巩固、充实、提高”的方针。毛泽东在会上号召全党大兴调查研究之风，搞一个实事求是年。《紧急指示信》的发布和全会的召开，标志着党和政府指导方针的重要转变。

（2）1961 年 3 月，毛泽东在广州主持起草了《农村人民公社工作条例（草案）》（简称农业六十条）。农业六十条的贯彻执行，对于克服严重存在的平均主义，调动农民的生产积极性，推动恢复和发展农业生产，起到了十分重要的作用。中央还陆续制定出有关工业、商业、教育、科学、文艺等方面的工作条例草案，总结历史经验，继续纠正“左”的错误，推动国民经济转入1962年至1965年的三年调整时期。

（3）这些工作条例的制定，还使社会主义建设的各条战线开始有了具有本国特点的具体规章制度，是这一时期探索中国社会主义建设道路的积极成果。由于调整经济的正确方针的贯彻执行，社会主义建设逐步地重新出现欣欣向荣的景象。

30. 答：（1）党的十三大正式制定了社会主义现代化建设“三步走”的战略部署：第一步，实现国民生产总值比1980年翻一番，解决人民的温饱问题，这个任务已经基本实现；第二步，到20世纪末，使国民生产总值再增长一倍，人民生活达到小康水平；第三步，到21世纪中叶，人均国民生产总值达到中等发达国家水平，人民生活比较富裕，基本实现现代化。

（2）“三步走”发展战略及相关政策的制定，进一步解决了中国现代化建设的目标、步骤等关系全局的重大问题，对中国未来几十年的发展具有深远的影响。中共十一届三中全会以来的实践历程，正是“三步走”的现代化建设宏伟蓝图逐步变为现实的过程。

三、论述题（本大题共3小题，考生任选其中2题作答，每小题10分，共20分。如果考生回答的题目超过2题，只按考生回答题目的前2题计分）

31. 答：（1）近代中国半殖民地半封建社会的主要矛盾是帝国主义与中华民族的矛盾、封建主义与人民大众的矛盾。其中，帝国主义与中华民族的矛盾，乃是各种矛盾中最主要的矛盾。这两对主要矛盾相互交织在一起，贯穿了整个半殖民地半封建社会的始终，并对中国社会的发展变化起着决定性作用。

（2）近代中国半殖民地半封建社会的特点是：

①资本—帝国主义不但逐步操纵了中国的财政和经济命脉，而且逐步控制了中国的政治，日益成为支配中国的决定性力量。

②中国的封建势力同外国侵略势力相勾结，成为外国列强压迫、奴役中国人民的社会基础和统治支柱。

③中国自然经济的基础虽然遭到破坏，但是封建剥削制度的根基即封建地主的土地所有制依然在广大地区内保持着，成为中国走向现代化和民主化的严重

障碍。

④中国资本主义有所发展，并在政治、文化生活中起到了一定的作用，但没有成为中国社会经济的主体，它的发展很缓慢，力量很软弱。

⑤近代中国各地区经济、政治和文化发展是极不平衡的。外国列强还分别支持不同的政治势力以分裂中国，使中国处于不统一状态。

⑥人民毫无政治权利，生活极端贫困化。中国的广大人民尤其是农民日益贫困化以至大量破产，过着饥寒交迫和毫无政治权利的生活。

32. 答：（1）在政治上，北洋政府实行军阀官僚的专制统治，一方面，以袁世凯为首的封建军阀大力扩充军队，建立特务、警察系统，剥夺《临时约法》规定给予人民的言论、出版、集会、结社等各种政治权利，任意逮捕、杀害革命党人和无辜民众。人民群众毫无政治权利可言。另一方面，袁世凯毁弃辛亥革命过程中孙中山苦心缔造的资产阶级民主制度，中华民国只剩下了一块空招牌。北洋军阀为了巩固专制统治，不惜投靠帝国主义。甚至为了达到专制独裁的目的，袁世凯公然复辟帝制。

（2）在经济上，北洋政府竭力维护帝国主义、地主阶级和买办资产阶级的利益。军阀、官僚本身就是大地主，他们以各种手段兼并土地。还通过“清丈地亩”、征收各种苛捐杂税等手段，对农民进行压榨。军阀和官僚还借助于政治势力，组成官僚买办资本集团，操纵、垄断财政金融和工业、运输业。有些军阀拥有数百万乃至数千万元的财产。与此同时，广大人民却生活于极端困苦之中。

（3）在文化思想方面，北洋政府尊孔复古。1913 年 6 月，袁世凯向全国发布《通令尊崇孔圣文》。不久，又命令全国恢复祀孔、祭孔典礼，恢复跪拜礼节，中、小学恢复尊孔读经。一些清朝遗老遗少、保守分子纷纷组织尊孔复古团体，发行尊孔刊物，攻击民主共和，宣传封建伦常，甚至要求将孔教定为“国教”，企图用封建思想遏制人民思想解放的潮流，维护其反动统治。

总之，北洋军阀政府对辛亥革命进行了全面的反攻倒算，中国重新落入了黑暗的深渊。

33. 答：（1）土地改革运动，土地制度的改革，是新民主主义革命的一项基本任务，是夺取人民解放战争胜利的基本条件。

①1946 年 5 月 4 日，中共中央发出《关于清算、减租及土地问题的指示》（史称《五四指示》），决定将党在抗日战争时期实行的减租减息政策改变为实现“耕者有其田”的政策。

②1947 年 7 月至 9 月，中国共产党在河北省平山县召开了全国土地会议，制定和通过了彻底实行土地改革的《中共土地法大纲》，明确规定废除封建性及半封建性剥削的土地制度，实现耕者有其田的土地制度。在这个大纲的指引下，土地改革运动在解放区广大农村迅速掀起。

③1947 年下半年和 1948 年年初，土地改革运动在各解放区广泛发动。这期间一度发生过侵犯部分中农利益、侵犯某些民族工商业；许多地方斗争地主、富农的办法不适当等“左”的错误。中共中央一经发现，便立即采取坚决的措施加以纠正。其间，毛泽东《在晋绥干部会议上的讲话》，总结了土地改革的经验，系统阐明了中国共产党的土地改革总路线，即依靠贫农，团结中农，有步骤地、有分别地消灭封建剥削制度，发展农业生产。

（2）意义：经过土地改革运动，解放区广大农民实现了梦寐以求的“耕者有其田”的愿望，解放区出现了新面貌：广大农民对中国共产党更加信任和拥护，工农联盟以及解放区的人民民主政权得到进一步巩固和加强；广大农民从封建的生产关系中解放出来，生产积极性空前提高，解放区农村的经济面貌得到明显改观；大批青壮年农民踊跃参军，广大农民积极支援和配合解放军作战。人民解放战争有了巩固的后方和最基本的人力、物力保证。

全国高等教育自学考试
中国近现代史纲要模拟试卷五

（课程代码　03708）

第一部分　选择题（50分）

一、单项选择题（本大题共25小题，每小题2分，共50分。在每小题列出的四个备选项中只有一个是符合题目要求的，请将其代码填写在题后的括号内。错选、多选或未选均无分）

1. 在近代中国社会最革命的阶级是（　　）。

A. 工人阶级　　B. 民族资产阶级

C. 农民小资产阶级　　D. 小资产阶级

2. 1856年上半年，太平天国在军事上达到全盛时期，但也有军事上的失利。失利是指（　　）。

A. 东征　　B. 西征

C. 北伐　　D. 天京破围战

3. 北伐战争期间，中国人民取得反帝斗争的一次重大胜利是（　　）。

A. 废除领事裁判权　　B. 收回关税自主权

C. 汉口、九江人民收回英租界　　D. 废除不平等条约

4. 成为民主革命时期，中国共产党历史上一个生死攸关的转折点的会议是（　　）。

A. 洛川会议　　B. 八七会议

C. 中共六大　　D. 遵义会议

5. 1940 年八路军在华北发动的大规模破袭进攻战的是（　　）。

A. 太原会战　　B. 百团大战

C. 平型关战役　　D. 徐州会战

6. 抗日战争胜利后，国民党坚持的方针是（　　）。

A. 独裁、内战　　B. 民主、和平

C. 与中共坦诚合作　　D. 建立联合政府

7. 1901 年，清政府与十一个国家签订的不平等条约是（　　）。

A.《马关条约》　　B.《江宁条约》

C.《北京条约》　　D.《辛丑条约》

8. 提出“师夷长技以制夷”思想的是（　　）。

A. 林则徐　　B. 严复

C. 魏源　　D. 康有为

9. 1912 年 3 月，南京临时参议院颁布了中国历史上第一部具有资产阶级共和国宪法性质的法典。它是（　　）。

A.《中华民国约法》　　B.《中华民国法典》

C.《中华民国临时约法》　　D.《中华民国暂行约法》

10. 1920 年，中国共产党的最早组织建立于（　　）。

A. 长沙　　B. 北京

C. 武汉　　D. 上海

11. 成为第一次工人运动高潮的起点的罢工是（　　）。

A. 京汉铁路工人大罢工　　B. 香港海员大罢工

C. 安源路矿工人大罢工　　D. 省港大罢工

12. 1933 年 5 月成立察哈尔民众抗日同盟军，其主要领导人是（　　）。

A. 冯玉祥和吉鸿昌　　B. 冯玉祥和董振堂

C. 赵博生和董振堂　　D. 蔡廷锴和蒋光鼐

13. 1947 年 10 月，被国民党当局宣布为“非法团体”的是（　　）。

A. 中国国民党革命委员会　　B. 中国民主同盟

C. 中国民主促进会　　D. 中国民主建国会

14. 中国近代史的开端是（　　）。

A. 第一次鸦片战争　　B. 第二次鸦片战争

C. 甲午中日战争　　D. 八国联军侵华战争

15. 允许外国公使进驻北京的条约是（　　）。

A.《北京条约》　　B.《南京条约》

C.《辛丑条约》　　D.《天津条约》

16. 1841 年 2 月，战死虎门的广东水师提督是（　　）。

A. 邓世昌　　B. 林永升

C. 关天培　　D. 左宝贵

17. 中国最早的一批产业工人产生在（　　）。

A. 洋务企业中　　B. 外国资本经营的近代工商业中

C. 民族资本主义企业中　　D. 私人小作坊中

18. 官僚资本的垄断活动首先和主要的方面是在（　　）。

A. 工业　　B. 金融业

C. 农业　　D. 交通运输业

19. 遵义会议后，全权负责红军的军事行动的新的三人团是（　　）。

A. 毛泽东、周恩来、王稼祥　　B. 毛泽东、周恩来、邓小平

C. 周恩来、张闻天、王稼祥　　D. 毛泽东、周恩来、张闻天

20. 在抗日根据地的建设中，首要的、根本的任务是（　　）。

A. 加强政权建设　　B. 开展大生产运动

C. 发展抗日文化　　D. 整风运动

21. 客观上宣告“文化大革命”理论和实践失败的事件是（　　）。

A. 刘少奇冤案

B. 林彪反革命集团策动反革命武装政变

C. 江青发动的“批林批孔”运动

D. 天安门事件

22. 为粉碎“四人帮”奠定了群众基础的事件是（　　）。

A. 二月抗争　　　　B. 粉碎林彪反革命集团

C. 天安门事件　　　　D. 1975 年邓小平主持工作进行整顿

23. 在工商业社会主义改造过程中实行的高级国家资本主义是指（　　）。

A. 代购代销　　　　B. 加工订货

C. 统购包销　　　　D. 公私合营

24. 党在过渡时期的总路线和总任务是（　　）。

A. 分两步走，到 20 世纪末全面实现“四个现代化”

B. 逐步实现国家的社会主义工业化，逐步实现国家对农业、手工业和资本主义工商业的社会主义改造

C. 鼓足干劲，力争上游，多快好省地建设社会主义

D. 坚持“一个中心，两个基本点”，把我国建设成为社会主义现代化强国

25. 党和政府第一次向全国人民提出实现“四个现代化”奋斗目标是在（　　）。

A. 中共八大上

B. 第一次全国人民代表大会上

C. 七千人大会上

D. 第三届全国人民代表大会第一次会议上

第二部分　非选择题（50 分）

二、简答题（本大题共 5 小题，每小题 6 分，共 30 分）

26. 简述外国列强对近代中国的政治控制。

27. 简述天京事变的原因及其后果。

28. 简述八七会议的主要内容和历史地位。

29. 简述新中国成立初期国民经济迅速恢复的原因。

30. 简述社会主义建设总路线。

三、**论述题**（本大题共 3 小题，考生任选其中 2 题作答，每小题 10 分，共 20 分。如果考生回答的题目超过 2 题，只按考生回答题目的前 2 题计分）

31. 试述中华民国南京临时政府的性质及其局限性。

32. 试述《论持久战》的主要内容和意义。

33. 论述改革开放初期农村改革的突破性进展。

全国高等教育自学考试
中国近现代史纲要模拟试卷五
参考答案

（课程代码　**03708**）

一、单项选择题（本大题共25小题，每小题2分，共50分）

1. A　2. C　3. C　4. D　5. B　6. A　7. D　8. C　9. C
10. D　11. B　12. A　13. B　14. A　15. D　16. C　17. B　18. B
19. A　20. A　21. B　22. C　23. D　24. B　25. D

二、简答题（本大题 共5小题，每小题6分，共30分）

26. 答：近代以来，帝国主义列强对中国的政治控制主要是：

（1）控制中国内政，列强驻京公使成了清政府的太上皇。

（2）操纵中国外交，控制中国外交主权。

（3）享有领事裁判权，外国人可以在中国横行不法，中国政府无权干涉。

（4）把持中国海关，中国海关的高级职员全部由外国人充任。

（5）勾结清政府，镇压中国人民的反抗斗争。

（6）扶植、收买代理人，清政府成了洋人的朝廷，成了列强统治中国的工具。

27. 答：（1）原因：一是农民起义队伍中固有的许多矛盾与弱点越来越明显地暴露出来。二是太平天国森严的封建等级制度，导致其领导集团在生活上追求享乐，在政治上争权夺利。

（2）后果：大大地削弱了太平天国的领导和军事力量，严重挫伤了革命的士气，造成了严重的危机，清军重新对天京形成了包围之势，成为太平天国由盛到衰的转折点。

28. 答：(1) 主要内容：第一，会议彻底清算了大革命后期陈独秀的右倾机会主义错误，确定了土地革命和武装斗争的方针，保证了中国革命继续向前发展。第二，选出了以瞿秋白为书记的中央临时政治局。第三，毛泽东在发言中着重阐述了农民问题和武装斗争对于中国革命的极端重要性。

(2) 历史地位：八七会议给正处在思想混乱和组织涣散中的中国共产党指明了出路，为挽救中国共产党和中国革命做出了巨大贡献。这是由大革命失败到土地革命战争兴起的一个历史转折点。

29. 答：(1) 中共中央和人民政府紧紧抓住恢复和发展生产作为一切工作的中心，正确处理恢复国民经济同其他各项工作的关系。

(2) 从当时的国情出发，对国家财政实行集中和统一的管理，制定了“不要四面出击”等正确方针政策，妥善处理公私关系、劳资关系等各种社会关系。

(3) 刚刚执政的中国共产党加强自身的建设，保持和发扬党的优良传统和作风，及时有力地抵制了资产阶级的腐蚀。

30. 答：(1) 1958 年 5 月，中共八大二次会议通过了“鼓足干劲、力争上游、多快好省地建设社会主义”的总路线。

(2) 这条总路线及其基本点，其正确的一面，是反映了广大人民群众迫切要求改变国家经济文化落后状况的普遍愿望；其缺点是忽视了客观的经济规律。总路线提出的“多快好省”这四个字，本来是相互制约的，但在宣传中和实际工作中片面地突出了一个“快”字，提出速度是总路线的灵魂。

三、论述题（本大题共 3 小题，考生任选其中 2 题作答，每小题 10 分，共 20 分。如果考生回答的题目超过 2 题，只按考生回答题目的前 2 题计分）

31. 答：(1) 中华民国南京临时政府是一个资产阶级共和国性质的革命政权。第一，在人员构成上，资产阶级革命派控制着这个政权。除孙中山作为临时大总统拥有统治全国和统率海、陆军之权外，陆军、外交等重要部门的总长和所有各部的次长全由革命党人担任。在作为国家立法机关的临时参议院中，同盟会会员也占多数。第二，在实行的各项政策措施上，集中体现了中国民族资产阶级的愿望和利益，在一定程度上符合广大中国人民的利益。如扫除种种封建弊端，保护人权；鼓励发展资本主义工商业，提倡兴办工厂、矿山、银行、垦殖事业等；宣布禁止刑讯，保护华侨、禁止贩卖华工，禁止买卖人口、废除奴婢，禁止种植和吸食鸦片等；宣布改革文化教育制度，否定忠君尊孔教育，废止小学读经，禁用清政府学部颁行的各种教科书等。

（2）中华民国南京临时政府也有局限性。一是企图用承认清政府与列强所定的一切不平等条约和所欠的一切外债，来换取列强承认中华民国。二是没有提出可以满足农民土地要求的政策和措施，反而以保护私有财产为借口，维护封建土地制度以及官僚、地主所占有的土地和财产。

32. 答：（1）主要内容：

①全面抗战爆发后，面对“亡国论”和“速胜论”的论调，毛泽东于 1938 年发表《论持久战》的讲演，总结抗战 10 个月来的经验，集中全党智慧，系统地阐述了抗日战争的特点、前途和发展规律，阐明了持久抗战的总方针。

②毛泽东指出，中日战争不是任何别的战争，乃是半殖民地半封建的中国和帝国主义的日本之间在 20 世纪 30 年代进行的一个决死的战争。全部问题的根据就在这里。中日双方存在着互相矛盾的四个特点：敌强我弱，敌小我大，敌退步我进步，敌寡助我多助。一方面，日本是强国，中国是弱国，强国弱国的对比，决定了抗日战争只能是持久战。另一方面，日本是小国，发动的是退步的、野蛮的侵略战争，在国际上失道寡助；而中国是大国，进行的是进步的、正义的反侵略战争，在国际上得道多助。中国已经有了代表中华民族和中国人民根本利益的、政治上成熟的共产党及其领导的人民军队和抗日根据地。因此，最后胜利又将是属于中国的。

③毛泽东还科学地预测了抗日战争的发展进程，即抗日战争将经过战略防御、战略相持、战略反攻三个阶段。其中，战略相持阶段，是中国抗日战争取得最后胜利的最关键的阶段。只要坚持持久抗战、坚持抗日民族统一战线，中国将在这个阶段中获得转弱为强的力量。

（2）意义：毛泽东阐明的持久战战略思想，抓住了中日战争发生的时代特点和战争性质，揭示了抗日战争的发展规律和坚持抗战、争取抗战胜利必须实行的战略方针，对全国抗战起到了积极作用。

33. 答：（1）从1978年开始，安徽、四川的基层干部和农民群众，在省委支持下，开始探索实行包产到组、包产到户、包干到户等多种形式的农业生产责任制，取得了很好的效果。其他一些地方也开始实行农村联产责任制。1979年9月，中共十一届四中全会通过了《关于加快农业发展若干问题的决定》，提出要保障基层干部和农民因时因地制宜的自主权，发挥其主动性。1980年5月，邓小平发表《关于农村政策的谈话》，肯定了包产到户这种形式，指出它不会影响我们制度的社会主义性质。

（2）在中共中央的支持和推动下，以包产到户、包干到户为主要形式的家庭联产承包责任制，在全国各地逐渐推广开来。家庭联产承包责任制在土地集体所有制的基础上，将农民家庭承包经营的积极性和集体经济的优越性结合起来，因而受到农民的普遍欢迎。

（3）“统分结合”的农村家庭联产承包责任制的普遍实行，促进了“政社合一”的人民公社体制的解体。1983年10月，中央做出决定，废除人民公社，建立乡（镇）政府作为基层政权，同时成立村民委员会作为村民自治组织。

全国高等教育自学考试
中国近现代史纲要模拟试卷六

（课程代码　**03708**）

第一部分　选择题（50 分）

一、单项选择题（本大题共 25 小题，每小题 2 分，共 50 分。在每小题列出的四个备选项中只有一个是符合题目要求的，请将其代码填写在题后的括号内。错选、多选或未选均无分）

1. 1887 年，葡萄牙胁迫清政府签订的允许葡萄牙“永驻管理澳门”的条约是（　　）。

A.《中葡友好通商条约》　　B.《五口通商条约》

C.《望厦条约》　　D.《黄埔条约》

2. 1839 年组织编写成《四洲志》的是（　　）。

A. 林则徐　　B. 严复

C. 魏源　　D. 郑观应

3. 将英商进出口货物的具体税率，用中英协定方式固定下来的是（　　）。

A.《黄埔条约》　　B.《五口通商章程：海关税则》

C.《望厦条约》　　D.《虎门条约》

4. 以下属于严复翻译的著作有（　　）。

A.《人类公理》　　B.《变法通议》

C.《天演论》　　D.《新学伪经考》

5. 戊戌维新时期，维新派在上海创办的影响较大的报刊是（　　）。

A.《时务报》　　B.《湘报》

C.《国闻报》　　D.《万国公报》

6. 1906 年清政府宣布“预备仿行宪政”，1908 年颁布的一部宪法是（　　）。

A.《中华民国临时约法》　　B.《钦定宪法大纲》

C.《明定国是诏》　　D.《商律》

7. 标志着中国资产阶级民主革命进入了一个新阶段的是（　　）。

A. 兴中会的成立　　B. 广州起义

C. 中国同盟会的成立　　D. 三民主义的提出

8. 在孙中山的三民主义中，民权主义的内容是（　　）。

A. 驱除鞑虏　　B. 恢复中华

C. 创立民国　　D. 平均地权

9. 共产党早期组织领导的一个产业工会是（　　）。

A. 上海纺织工会　　B. 上海机器工会

C. 上海印刷工会　　D. 北京工人俱乐部

10. 由大革命失败到土地革命战争兴起的历史转折点是（　　）。

A. 遵义会议　　B. 八七会议

C. 三湾改编　　D. 中共六大

11. 下列关于中国各民主党派形成时的社会基础的说法中，不正确的是（　　）。

A. 主要是民族资产阶级、城市小资产阶级及其知识分子和其他爱国分子

B. 他们所联系和代表的是相对固定的单一阶级

C. 是阶级联盟性质的政党

D. 包括一定数量的革命知识分子和少数共产党人

12. 同盟会成立以后，以孙中山为首的资产阶级革命派，把开展武装起义放在了首要地位，组织了多次武装起义。其中影响最大的是（　　）。

A. 1895 年的广州起义　　B. 1900 年的惠州起义

C. 1908 年的河口起义　　D. 1911 年的广州起义

13. 中国工人阶级第一次直接同帝国主义势力进行的有组织较量是（　　）。

A. 香港海员大罢工　　B. 省港大罢工

C. 京汉铁路工人大罢工　　D. 安源路矿工人大罢工

14. 下列选项中，揭开土地革命战争序幕的是（　　）。

A. 八七会议　　B. 遵义会议

C. 南昌起义　　D. 武昌起义

15. 1981 年 6 月中共十一届六中全会通过的文件是（　　）。

A.《关于党的若干历史问题的决议》

B.《关于建国以来党的若干历史问题的决议》

C.《解放思想，实事求是，团结一致向前看》

D.《关于建立社会主义市场经济体制的决定》

16. 中共十三大最重要的理论贡献是（　　）。

A. 重新确立了马克思主义路线

B. 阐述了社会主义初级阶段理论

C. 确立了建立市场经济体制的目标

D. 确立了邓小平理论的指导地位

17. 科学发展观的根本方法是（　　）。

A. 和谐发展　　B. 以人为本

C. 统筹兼顾　　D. 可持续发展

18. 新中国成立初期，中国共产党为争取国家财政经济状况基本好转而召开的会议是（　　）。

A. 七届二中全会　　B. 七届三中全会

C. 最高国务会议　　D. 中共八大

19. 标志着民盟站到了新民主主义革命的立场上来的是（　　）。

A. 民盟一届三中全会

B. 国民党当局宣布民盟为“非法团体”

C. 民盟总部发表公告

D. 中国民主同盟全国代表大会

20. 1945 年昆明“一二·一”运动，吹响了国统区爱国学生运动的第一声号角，在全国范围产生了重大影响。它的基本口号是（　　）。

A.“反饥饿、反内战、反迫害”　　B.“反对内战，争取自由”

C.“抗议美军暴行！”　　D.“美军退出中国！”

21. 提出“三个主体，三个补充”思想的领导人是（　　）。

A. 毛泽东　　B. 刘少奇

C. 陈云　　D. 周恩来

22. 为了克服根据地严重的经济困难，中共中央采取实施的李鼎铭的提案是（　　）。

A.“三三制”原则　　B. 大生产运动

C. 精兵简政　　D. 减租减息

23. 社会主义改造基本完成后，中国人民面临的主要任务是（　　）。

A. 赶超英美，加快经济发展

B. 加强社会主义物质文明和精神文明建设

C. 推进工业化、现代化建设

D. 实行改革开放，建设社会主义强国

24. 中国共产党探索中国自己的社会主义建设道路开始于（　　）。

A.“第二次结合”的提出　　B.《论十大关系》的发表

C. 中共八大的召开　　D. 毛泽东“新经济政策”的提出

25. 继延安整风运动之后，又一场马克思主义思想解放运动是（　　）。

A. 关于毛泽东思想评价的大讨论

B. 关于毛泽东评价的大讨论

C. 关于建国以来党的若干历史问题的大讨论

D. 关于真理标准问题的大讨论

第二部分　非选择题（50 分）

二、简答题（本大题共 5 小题，每小题 6 分，共 30 分）

26. 简述资产阶级革命派的宣传与组织工作。

27. 简述新三民主义的主要内容。

28. 简述中国的红色政权存在和发展的原因和条件。

29. 简述抗日游击战争的战略地位和作用。

30. 简述抗美援朝战争及其意义。

三、论述题（本大题共 3 小题，考生任选其中 2 题作答，每小题 10 分，共 20 分。如果考生回答的题目超过 2 题，只按考生回答题目的前 2 题计分）

31. 试述中国工人阶级的产生及其特点。

32. 试述延安整风运动的主要内容和意义。

33. 试述中共十一届三中全会是新中国成立以来伟大的历史性转折。

全国高等教育自学考试
中国近现代史纲要模拟试卷六
参考答案

（课程代码　03708）

一、单项选择题（本大题共 25 小题，每小题 2 分，共 50 分）

1. A	2. A	3. B	4. C	5. A	6. B	7. C	8. C	9. B
10. B	11. B	12. D	13. A	14. C	15. B	16. B	17. C	18. B
19. A	20. B	21. C	22. C	23. C	24. B	25. D		

二、简答题（本大题共 5 小题，每小题 6 分，共 30 分）

26. 答：（1）资产阶级革命派著书立说，使民主革命思想迅速地传播开来。其中有章炳麟的《驳康有为论革命书》、邹容的《革命军》、陈天华的《警世钟》和《猛回头》等。

（2）资产阶级革命团体在各地陆续成立。其中重要的有以黄兴为会长的华兴会、蔡元培为会长的光复会以及科学补习所、岳王会等。革命团体的建立为革命思想的传播和革命运动的发展提供了不可缺少的组织力量，也为成立全国性的资产阶级政党奠定了组织基础。

（3）1905 年 8 月，孙中山、黄兴等人在东京成立中国同盟会，以“驱除鞑虏，恢复中华，创立民国，平均地权”为纲领。中国同盟会是近代中国第一个全国性的资产阶级性质的政党，它的成立标志着中国资产阶级民主革命进入了一个新阶段。

27. 答：（1）民族主义突出了反对帝国主义的内容，强调对外争取中华民族的完全独立，同时主张国内各民族一律平等。

（2）民权主义强调民权为一般平民所共有，不应为“少数人所得而私”。

（3）民生主义在“平均地权”基础上增加了“节制资本”的原则，并提出改善工农的生活状况。

28. 答：1928 年 10 月和 11 月，毛泽东写了《中国的红色政权为什么能够存在?》和《井冈山的斗争》两篇文章，回答了红色政权存在和发展的原因和条件。

（1）中国是一个被几个帝国主义国家间接统治的政治经济发展极端不平衡的半殖民地半封建的大国。这是红色政权能够存在和发展的根本原因。

（2）国民革命的影响。中国红色政权能够发生和长期存在的地方，是在那些受过第一次国内革命战争影响、曾经有过高涨的革命群众运动的地方。

（3）全国革命形势的继续向前发展。

（4）相当力量的正式红军的存在，是红色政权存在的必要条件。

（5）共产党组织的坚强有力和各项政策的正确贯彻执行。

29. 答：（1）在战略防御阶段，从全局看，国民党正面战场的正规战是主要的，敌后的游击战是辅助的。但是，游击战在敌后的广泛开展和敌后抗日根据地的开辟，迫使敌人不得不把用于进攻的兵力抽调回来保守其占领区，敌后游击战争对阻止日军进攻、减轻正面战场压力、促使战争转入战略相持阶段起到了重要作用。

（2）在战略相持阶段，随着敌后人民力量的发展，敌后游击战争成为主要的抗日作战方式。日军逐步将主要兵力用于敌后战场，以保持和巩固其占领地。敌后根据地的建立和武装力量的壮大为人民军队进行战略反攻准备了条件。

30. 答：（1）1950 年 6 月，朝鲜内战爆发。美国将朝鲜战争的战火烧到中朝交界的鸭绿江边。中国政府毅然做出抗美援朝、保家卫国的决策。彭德怀被任命为中国人民志愿军司令员兼政治委员。中朝两国人民及其军队经过近三年的艰苦作战以及谈判斗争，终于迫使美国代表于 1953 年 7 月 27 日在停战协定上签字。

（2）抗美援朝战争的胜利，打破了美国军队不可战胜的神话，雄辩地证明：西方侵略者几百年来只要在东方一个海岸上架起几尊大炮就可霸占一个国家的时代一去不复返了。抗美援朝的胜利，使全世界对新中国刮目相看，新中国的国际威望空前提高。新中国的经济建设和社会改革赢得了一个相对稳定的和平环境。

三、论述题（本大题共3小题，考生任选其中2题作答，每小题10分，共20分。如果考生回答的题目超过2题，只按考生回答题目的前2题计分）

31．答：（1）近代中国诞生的被压迫阶级是工人阶级。中国工人阶级的很大一部分比中国资产阶级的年龄和资格更老一些，它的社会力量和社会基础也更广大一些。鸦片战争后，外国资本在广州、上海等地经营近代工商业，其中产生了中国最早的一批产业工人。19世纪60年代以后，在洋务企业中，又产生了一批产业工人。19世纪70年代以后，在中国民族资本主义企业中，中国产业工人队伍又一次得以扩充。

（2）中国工人阶级的特点：第一，它深受帝国主义、封建势力和资产阶级三重压迫和剥削，劳动条件差，劳动时间长，工资待遇低，又毫无政治权利，其革命性最强。第二，它人数虽少，但相对集中，从地区上讲主要集中于上海等大城市，从行业上讲主要集中于纺织等行业，便于形成革命的力量和传播先进的思想。第三，它主要是由破产农民和家庭手工业者转化而来的，同农民有着天然的联系，便于结成工农联盟。因此，中国工人阶级是近代中国社会中最先进、最革命、最有力量的阶级。

32. 答：（1）为了总结和吸取中国共产党历史上的经验教训，提高广大党员的思想理论水平，增强党的凝聚力和战斗力，20世纪40年代前中期，中国共产党以延安为中心，在全党范围内开展了一场整风运动。

（2）延安整风运动的主要内容是：反对主观主义以整顿学风、反对宗派主义以整顿党风、反对党八股以整顿文风。其中，反对主观主义是整风运动最主要的任务。主观主义的主要表现形式是教条主义和经验主义，尤其是教条主义，这是中国共产党内反复出现“左倾”、右倾错误的思想认识根源。

（3）整风运动是一场伟大的思想解放运动，在全党范围内确立起一切从实际出发、理论联系实际、实事求是的马克思主义思想路线。

33. 答：（1）重新确立了马克思主义的思想路线。全会冲破长期“左”的错误的严重束缚，彻底否定了“两个凡是”的错误方针，高度评价了关于真理标准问题的讨论，并且断然否定“以阶级斗争为纲”的指导思想，恢复了马克思主义实事求是的思想路线。

（2）全会全面分析了当前的主要矛盾和主要任务，做出了把工作重点转移到社会主义现代化建设上来和实行改革开放的战略决策。

（3）全会恢复了党的民主集中制的优良传统，审查解决了历史上遗留的一批重大问题和一些重要领导人的功过是非问题。

（4）全会决定在党的生活和国家政治生活中加强民主和法制建设，明确党的思想路线，加强党的领导和成立中央纪律检查委员会。

（5）中共十一届三中全会是新中国成立以来党的历史上具有深远意义的伟大转折。全会结束了粉碎“四人帮”后两年在徘徊中前进的局面，开始了中国共产党在思想、政治、组织等领域的全面拨乱反正，形成了以邓小平为核心的党的中央领导集体，揭开了社会主义改革开放的序幕。以这次全会为起点，中国进入了改革开放和社会主义现代化建设的历史新时期。

全国高等教育自学考试
中国近现代史纲要模拟试卷七

（课程代码　**03708**）

第一部分　选择题（50分）

一、单项选择题（本大题共25小题，每小题2分，共50分。在每小题列出的四个备选项中只有一个是符合题目要求的，请将其代码填写在题后的括号内。错选、多选或未选均无分）

1. 从1898年6月11日到9月21日，光绪帝颁布了一系列变法上谕，史称（　　）。

A. “公车上书”　　B. “辛酉政变”

C. “戊戌政变”　　D. “百日维新”

2. 标志着中国延续两千余年封建帝制覆灭的历史事件是（　　）。

A. 武昌起义爆发　　B. 中华民国南京临时政府成立

C. 清帝退位　　D. 皇族内阁解散

3. 受俄国十月革命影响，在中国率先举起马克思主义旗帜的是（　　）。

A. 陈独秀　　B. 陈望道

C. 毛泽东　　D. 李大钊

4. 1923年6月，中国共产党第三次全国代表大会集中讨论的问题是（　　）。

A. 挽救革命失败的问题

B. 工农联盟问题

C. 无产阶级在民主革命中的领导权问题

D. 国共合作，建立革命统一战线的问题

5. 1929 年 4 月，毛泽东在全国发布第二个土地法，将“没收一切土地”改为“没收一切公共土地及地主阶级的土地”。这一个原则性的改正，保护了（　　）。

A. 地主的利益　　B. 富农的利益

C. 中农的利益　　D. 贫农的利益

6. 1935 年 12 月，中国共产党制定抗日民族统一战线政策的会议是（　　）。

A. 八七会议　　B. 遵义会议

C. 瓦窑堡会议　　D. 洛川会议

7. 1945 年 10 月 10 日，国共双方签署了（　　）。

A.《国共重庆谈判纪要》　　B.《国共重庆谈判协定》

C.《政府与中共代表会谈协定》　　D.《政府与中共代表会谈纪要》

8. 人民解放军战略决战的三大战役最先开始的是（　　）。

A. 淮海战役　　B. 辽沈战役

C. 平津战役　　D. 渡江战役

9. 解放战争时期，国统区人民所进行的第二条战线的斗争（　　）。

A. 以工人运动为发端　　B. 以学生运动为发端

C. 以商人罢市为发端　　D. 以农民运动为发端

10. 在农业社会主义改造中建立的互助组属于（　　）。

A. 新民主主义性质　　B. 半社会主义性质

C. 社会主义萌芽性质　　D. 社会主义性质

11. 1951 年 9 月，在全国知识分子中开展了（　　）。

A. 教育者先受教育运动　　B. 整风运动

C. 思想改造运动　　D. 批判旧思想运动

12. 1956 年 1 月，中共中央召开关于知识分子问题会议，动员全党和全国人民（　　）。

A.“实现教育的现代化”　　B.“攀登科学技术高峰”

C.“向科学进军”　　D.“实现科学技术的现代化”

13. 标志着中国进入改革开放和社会主义现代化建设的历史新时期的是（　　）。

A. 中共十一届二中全会　　B. 中共十一届三中全会

C. 中共十一届四中全会　　D. 中共十一届六中全会

14. 江泽民在庆祝中国共产党成立 80 周年大会上系统阐述了（　　）。

A. 邓小平理论的科学体系　　B. 加强执政党建设的思想

C. “三个代表”重要思想　　D. 中国特色社会主义理论体系

15. 把邓小平理论同马列主义、毛泽东思想一道确立为中国共产党指导思想的会议是（　　）。

A. 中共十三大　　B. 中共十四大

C. 中国十五大　　D. 中共十六大

16. 1913 年 3 月，被袁世凯刺杀的是（　　）。

A. 邹容　　B. 蔡元培

C. 宋教仁　　D. 黄兴

17. 康有为撰写的宣传维新思想的著作是（　　）。

A.《变法通议》　　B.《仁学》

C.《新学伪经考》　　D.《天演论》

18. 1905 年 11 月，孙中山将同盟会纲领概括为民族、民权、民生三大主义的文章是（　　）。

A.《猛回头》　　B.《革命军》

C.《警世钟》　　D.《民报》发刊词

19. 孙中山确立联俄政策的标志是（　　）。

A. 发表《中国国民党宣言》　　B. 发表《孙文越飞宣言》

C. 发表《北上宣言》　　D. 发表《中国问题的真解决》

20. 1941 年 3 月，在重庆秘密成立的民主党派是（　　）。

A. 中华民族解放行动委员会　　B. 中国民主建国会

C. 中国民主促进会　　D. 中国民主政团同盟

21. 中国共产党在抗日民族统一战线中必须坚持独立自主原则的实质是（　　）。

A. 力争中国共产党对抗日战争的领导权以取得抗战的胜利

B. 扩充自己的军事实力

C. 防止国民党顽固派的反共政策

D. 独自抗击日本侵略者

22. 在中国共产党自身建设的问题上，毛泽东明确提出“两个务必”要求的会议是（　　）。

A. 七届二中全会　　B. 七届三中全会

C. 中共七大　　D. 中共八大

23. 1949 年 4 月 21 日，毛泽东、朱德发布《向全国进军的命令》，中国人民解放军发起（　　）。

A. 渡江战役　　B. 济南战役

C. 平津战役　　D. 淮海战役

24. 为配合刘邓大军挺进大别山，陈赓、谢富治率领晋冀鲁豫野战军一部（　　）。

A. 挺进东北　　B. 挺进苏鲁豫皖地区

C. 挺进豫西　　D. 挺进江南

25. 1975 年着手对各方面工作进行整顿的是（　　）。

A. 叶剑英　　B. 周恩来

C. 邓小平　　D. 华国锋

第二部分　非选择题（50 分）

二、简答题（本大题共 5 小题，每小题 6 分，共 30 分）

26. 简述“百日维新”期间新政的主要内容。

27. 简述保路运动。

28. 简述土地革命战争前中期中国共产党内的三次“左”倾错误。

29. 简述中国共产党坚持、扩大和巩固抗日民族统一战线的策略总方针。

30. 简述新民主主义社会的经济状况、基本矛盾以及性质。

三、论述题（本大题共3小题，考生任选其中2题作答，每小题10分，共20分。如果考生回答的题目超过2题，只按考生回答题目的前2题计分）

31. 试述从第一次鸦片战争至辛亥革命前夕，中华民族民族意识的觉醒。

32. 试述中共二大制定的民主革命纲领的内容及意义。

33. 试述邓小平南方谈话的主要内容和历史意义。

全国高等教育自学考试
中国近现代史纲要模拟试卷七
参考答案
（课程代码　**03708**）

一、单项选择题（本大题共 25 小题，每小题 2 分，共 50 分）

1. D	2. C	3. D	4. D	5. C	6. C	7. D	8. B	9. B
10. C	11. C	12. C	13. B	14. C	15. C	16. C	17. C	18. D
19. B	20. D	21. A	22. A	23. A	24. C	25. C		

二、简答题（本大题共 5 小题，每小题 6 分，共 30 分）

26. 答：（1）政治方面。改革行政机构，裁撤闲散重叠机构；裁汰冗员，澄清吏治，提倡廉政；准许创办报纸和上书言事。

（2）经济方面。设立农工商总局与铁路矿务总局，保护、奖励农工商业和交通采矿业；提倡开办实业，奖励发明创造；设立农会，注重发展农业，提倡西法垦殖，改革财政，编制国家预决算等。

（3）军事方面。裁撤绿营，改练新式陆军，采用西洋兵制；筹设武备学堂等。

（4）文教方面。改革科举制度，废八股，改试策论；广设学堂，创办京师大学堂；提倡西学，设译书局，选派学生出国留学等。

27. 答：（1）1911 年 5 月，清政府皇族内阁为筹集借款，宣布“铁路干线收归国有”，并将粤汉、川汉铁路的路权出卖给帝国主义。

（2）清政府的倒行逆施引起湖北、湖南、广东、四川四省民众的强烈反对，一场事关民族权益和个人利益的保路运动就这样兴起了。

（3）保路运动遭到清政府的镇压。署理四川总督赵尔丰竟下令向请愿群众开枪，造成成都血案。广大群众忍无可忍，在同盟会会员的参与下，掀起了全川的武装暴动。

28. 答：（1）第一次是1927年11月至1928年4月的“左”倾盲动错误，认为革命形势在不断高涨，盲目要求“创造总暴动的局面”。

（2）第二次是1930年6月至9月以李立三为代表的“左”倾冒险主义，错误地认为中国革命乃至世界革命进入高潮，盲目要求举行全国暴动和集中红军力量攻打和夺取武汉等中心城市。

（3）第三次是1931年1月至1935年1月以陈绍禹（王明）为代表的“左”倾教条主义。在统一战线问题、革命道路问题、土地革命问题、反“围剿”的军事斗争问题上以及党内斗争和组织问题上犯了严重错误。

29. 答：（1）为了坚持、扩大和巩固抗日民族统一战线，中国共产党制定了“发展进步势力，争取中间势力，孤立顽固势力”的策略总方针。

（2）进步势力主要是指工人、农民和城市小资产阶级。他们是统一战线的基础，抗日战争的主要依靠力量。

（3）中间势力主要是指民族资产阶级、开明绅士和地方实力派。争取中间势力是党领导抗日民族统一战线十分重要的任务。

（4）顽固势力是指大地主大资产阶级的抗日派，即以蒋介石集团为代表的国民党亲英美派。共产党必须对他们贯彻又联合又斗争的政策，坚持有理、有利、有节的原则。只有这样，才能达到以斗争求团结的目的。

30. 答：（1）新民主主义经济中存在着五种成分；社会主义性质的国营经济，半社会主义性质的合作社经济，农民和手工业者的个体经济，私人资本主义经济和国家资本主义经济。其中，主要的经济成分是三种，即社会主义经济、个体经济和私人资本主义经济。

（2）新民主主义社会存在着两种基本的矛盾：国际上是新中国同帝国主义的矛盾，国内是工人阶级和资产阶级的矛盾。

（3）新民主主义社会不是一个凝固不变的、独立的社会形态。新民主主义社会在经济上的特点，就是既有社会主义因素，又有资本主义因素。它本身具有过渡性，处在深刻的变动之中，每天都在向社会主义因素转变。

三、论述题（本大题共 3 小题，考生任选其中 2 题作答，每小题 10 分，共 20 分。如果考生回答的题目超过 2 题，只按考生回答题目的前 2 题计分）

31. 答：鸦片战争后，先进的中国人开始寻找救国救民的真理，民族意识开始觉醒。

（1）“师夷长技以制夷”的主张和早期的维新思想。林则徐除了主张严禁鸦片，组织渔民等以抵御外国侵略以外，还注意了解西方，赞成正常的对外贸易，成为近代中国睁眼看世界的第一人。1843 年，魏源编纂了《海国图志》，提出了“师夷长技以制夷”的思想。19 世纪 70 年代以后，马建忠、王韬、郑观应、薛福成等人不仅主张学习西方的科学技术，同时也要求吸纳某些西方的政治、经济学说。他们一般都反对列强的侵略，维护民族独立和国家主权，主张发展民族工商业，主张变革封建专制制度，具有一定程度的反对封建专制的民主思想，对中国社会产生了广泛的思想影响。

（2）救亡图存与振兴中华。中日甲午战争以后，帝国主义列强图谋瓜分中国，中华民族到了生死存亡的紧急关头，中国人的民族意思开始普遍觉醒。1895 年，严复在《救亡决论》一文中响亮地喊出了“救亡”的口号。此后，严复翻译了《天演论》，激发人们的危机意识和民族意识。1898 年 4 月，康有为疾呼，要求中国人要发愤自救。1894 年 11 月，孙中山创立革命团体——兴中会，喊出了“振兴中华”这个时代的最强音。近代以来，中国的志士仁人正是怀着强烈的危机感和民族意识，在救亡图存、振兴中华这面爱国主义大旗之下，历经千辛万苦，去探索挽救中华民族危亡的道路的。

32. 答：（1）内容：党的最高纲领是实现社会主义、共产主义。党的最低纲领，即党在当前阶段也就是民主革命阶段的纲领是消除内乱，打倒军阀，建设国内和平；推翻国际帝国主义的压迫，达到中华民族完全独立；统一中国为真正的民主共和国。大会提出了“到群众中去”，组成一个大的“群众党”的任务，强调党的一切运动都必须深入到广大的群众里面去。

（2）意义：中共二大在中国近现代史上第一次明确提出了反帝反封建的民主

革命纲领，解决了分清敌友这个革命的首要问题。历史证明，只有用马克思主义武装起来的中国共产党才能为中国革命指明方向。

33. 答：（1）主要内容：革命是解放生产力，改革也是解放生产力；基本路线要管一百年，动摇不得。改革开放胆子要大一些，敢于试验。提出判断工作的“三个有利于”的标准。计划多一点还是市场多一点，不是社会主义与资本主义的本质区别，计划和市场都是经济手段。社会主义的本质，是解放生产力，发展生产力，消灭剥削，消除两极分化，最终达到共同富裕。“右”可以葬送社会主义，“左”也可以葬送社会主义。中国要警惕“右”，但主要是防止“左”。发展才是硬道理，科学技术是第一生产力。中国的事情能不能办好，关键在人。中国要出问题，还是出在共产党内部。要坚持“两手抓”，两手都要硬。在整个改革开放过程中都要反对腐败。

（2）历史意义：邓小平南方谈话，在重大历史关头，科学地总结了十一届三中全会以来党的基本实践和基本经验，明确回答了长期困扰和束缚人们思想的许多重大认识问题，对整个社会主义现代化建设事业产生了重大而深远的影响。

全国高等教育自学考试
中国近现代史纲要模拟试卷八

（课程代码　**03708**）

第一部分　选择题（50分）

一、单项选择题（本大题共25小题，每小题2分，共50分。在每小题列出的四个备选项中只有一个是符合题目要求的，请将其代码填写在题后的括号内。错选、多选或未选均无分）

1. 下列属于严复翻译的著作有（　　）。

A.《新学伪经考》　　B.《变法通议》

C.《天演论》　　D.《人类公理》

2. 资本—帝国主义列强对中国的侵略，首先和主要的是进行（　　）。

A. 政治控制　　B. 经济掠夺

C. 文化渗透　　D. 军事侵略

3. 1920年3月，在北京大学成立的学习和宣传马克思主义的社团是（　　）。

A. 新民学会　　B. 觉悟社

C. 马克思主义学说研究会　　D. 马克思主义研究会

4. 在半殖民地半封建的中国，最主要的矛盾是（　　）。

A. 无产阶级和资产阶级的矛盾　　B. 封建主义和人民大众的矛盾

C. 帝国主义和中华民族的矛盾　　D. 生产力和生产关系的矛盾

5. 1851—1853年，仅仅经过两年的战斗，太平军就席卷6省，取得伟大的胜利。这是因为（　　）。

A. 清政府腐败无能，不堪一击

B. 起义得到了百姓的欢迎和拥护

C. 颁布了《天朝田亩制度》

D. 太平天国农民起义是反对清政府腐朽统治和地主阶级压迫的正义战争

6. 洋务派举办近代军事工业的首要目的是（　　）。

A. 加强海防、边防、抵御外国侵略

B. 镇压太平天国起义

C. 发展工业，促进对外贸易

D. 为民用企业的创办打下基础

7. 中华民国南京临时政府的性质是（　　）。

A. 资产阶级共和国性质的革命政权

B. 大地主大资产阶级专制的政府

C. 无产阶级占主导地位的政权

D. 各阶级联合执政的政府

8. 新文化运动的主要内容是（　　）。

A. 提倡白话文，反对文言文　　B. 提供新道德，反对旧道德

C. 提倡民主思想和民主制度　　D. 提倡民主和科学

9. 五四运动后期的主力是（　　）。

A. 工人　　B. 学生

C. 先进的知识分子　　D. 民族资产阶级

10. 中共二大提出新的革命方法是（　　）。

A. 武装夺取政权　　B. 走农村包围城市道路

C. 走群众路线　　D. 建立革命统一战线

11. 1927 年 7 月中旬，中共中央临时政治局常委会决定了三件大事，其中不包括（　　）。

A. 将党所掌握和影响的部队向南昌集中，准备起义

B. 组织湘鄂港粤四省的农民，在秋收季节举行暴动

C. 召集中央会议，讨论和决定新时期的方针和政策

D. 开展土地革命斗争

12. 建设共产党领导的新型人民军队的重要开端是（　　）。

A. 南昌起义　　B. 广州起义

C. 秋收起义　　D. 三湾改编

13. 标志抗日救亡运动高潮到来的事件是（　　）。

A. 西安事变　　B. “一二·九”运动

C. 华北事变　　D. 七七事变

14. 全民族抗战开始后，中国军队取得的第一次重大胜利是（　　）。

A. 台儿庄战役　　B. 平型关战役

C. 桂南会战　　D. 长沙会战

15. 毛泽东为新华社写的 1949 年新年献词一文是（　　）。

A.《论人民民主专政》　　B.《将革命进行到底》

C.《丢掉幻想，准备斗争》　　D.《唯心历史观的破产》

16. 标志着近代以来中国争取民族独立和人民解放的历史任务基本完成的是（　　）。

A. 抗日战争取得胜利　　B. 打败国民党反动派

C. 人民民主专政的新中国的创建　　D. 中共七届二中全会胜利召开

17. 手工业合作化的组织形式是（　　）。

A. 生产合作小组→供销合作社→生产合作社

B. 供销合作社→生产合作小组→生产合作社

C. 生产合作小组→生产合作社→供销合作社

D. 生产合作社→生产合作小组→供销合作社

18. 国家对资本主义工商业改造的政策是（　　）。

A. 没收　　B. 赎买

C. 调整　　D. 合并

19. 海南省建立于（　　）。

A. 1986 年 4 月　　B. 1987 年 4 月

C. 1988 年 4 月　　D. 1989 年 4 月

20. “批林批孔”运动矛头指向的是（　　）。

A. 刘少奇　　B. 邓小平

C. 周恩来　　D. 谭震林

21. 促进人民公社体制解体的是（　　）。

A. 村民自治组织的普遍建立

B. 乡（镇）基层政权的普遍建立

C. 统分结合的农村家庭联产承包责任制的普遍实行

D. 乡镇企业的异军突起

22. 中国恢复在联合国的合法席位是在（　　）。

A. 1970 年　　B. 1971 年

C. 1972 年　　D. 1979 年

23. 邓小平强调：毛泽东思想的出发点和根本点是（　　）。

A. 为人民服务　　B. 实事求是

C. 独立自主　　D. 群众路线

24. 十四大指出，我国经济体制改革的目标是（　　）。

A. 建立社会主义市场经济体制

B. 建立以市场经济为主，计划调节为辅的经济体制

C. 建立有计划的社会主义商品经济

D. 建立以公有制为主体，多种所有制经济共同发展的经济体制

25. 中国共产党正式提出科学发展观的会议是（　　）。

A. 十五届三中全会　　B. 十六大

C. 十六届三中全会　　D. 十七大

第二部分　非选择题（50 分）

二、简答题（本大题共 5 小题，每小题 6 分，共 30 分）

26. 简述《中华民国临时约法》的性质及其基本内容。

27. 简述第一次鸦片战争是中国近代史的开端。

28. 简述《论人民民主专政》关于建立人民民主专政的新中国的主张。

29. 简述新中国初期的独立自主和平外交。

30. 简述中共十八大的历史贡献。

三、论述题（本大题共 3 小题，考生任选其中 2 题作答，每小题 10 分，共 20 分。如果考生回答的题目超过 2 题，只按考生回答题目的前 2 题计分）

31. 试述《资政新篇》的性质和主要内容。

32. 试述国民革命的历史意义以及失败的原因和教训。

33. 试述毛泽东关于正确处理人民内部矛盾理论的基本内容及其意义。

全国高等教育自学考试
中国近现代史纲要模拟试卷八
参考答案

（课程代码　**03708**）

一、单项选择题（本大题共25小题，每小题2分，共50分）

1. C	2. D	3. C	4. C	5. D	6. B	7. A	8. D	9. A
10. C	11. D	12. D	13. B	14. B	15. B	16. C	17. A	18. B
19. C	20. C	21. B	22. C	23. B	24. A	25. C		

二、简答题（本大题共5小题，每小题6分，共30分）

26. 答：(1)《中华民国临时约法》是中国历史上第一部具有资产阶级共和国宪法性质的法典，它以根本大法的形式废除了两千年来的封建君主专制制度，确认了资产阶级共和国的政治制度。

(2)《中华民国临时约法》规定，“中华民国之主权属于国民全体”，而“以参议院、临时大总统、国务院、法院行使其统治权”；设国务总理，作为政府首脑；内阁辅佐临时大总统，为行政机关，行使行政权；设法院，行使司法权；参议院为立法机关，行使立法权，参议院还有弹劾大总统和国务院的权利；中华民国国民一律平等，享有人身、财产、集会、结社、出版、言论等自由，享有请愿、陈述、考试、选举与被选举等民主权利。

27. 答：(1) 第一次鸦片战争以清政府的失败而告终。英国等列强迫使清政府签订了一系列不平等条约，攫取了大量侵略特权。中国逐渐沦为了国家政权形式上仍然存在，而主权受制于外国列强的半殖民地社会。

（2）鸦片战争后，随着五口通商和西方商品在中国的倾销，一方面，促使中国传统的封建的自给自足的自然经济开始解体；另一方面，促进了中国城乡商品经济的发展，中国出现了资本主义生产关系，不再是完全意义上的封建社会，而是一个半封建社会了。

（3）鸦片战争后，中国由原来的封建国家逐渐转变为半殖民地半封建国家。社会主要矛盾由封建主义与人民大众的矛盾变成了帝国主义与中华民族的矛盾、封建主义与人民大众的矛盾。

28. 答：1949 年 6 月 30 日，毛泽东发表了《论人民民主专政》一文，系统地阐明了中国共产党关于建立人民民主专政的新中国的主张。

（1）人民民主专政的基础是工人阶级、农民阶级和城市小资产阶级的联盟。

（2）工人阶级和农民阶级的联盟是主要的联盟，因为这两个阶级占了中国人口的 80%~90%。推翻帝国主义和国民党反动派，主要是这两个阶级的力量。由新民主主义到社会主义，主要依靠这两个阶级的联盟。

（3）为建立新中国，必须利用一切于国计民生有利的城乡资本主义因素，团结民族资产阶级。但是民族资产阶级不能充当革命的领导者，也不应当在国家政权中占主要的地位。毛泽东指出：总结我们的经验，集中到一点，就是工人阶级（经过共产党）领导的以工农联盟为基础的人民民主专政。这个专政必须和国际革命力量团结一致。

29. 答：（1）中国共产党在新中国成立前夕提出了“另起炉灶”“打扫干净屋子再请客”“一边倒”的外交方针。新中国成立后，中央人民政府按照《中国人民政治协商会议共同纲领》确定的外交原则和政策，积极开展外交工作，打开对外关系，同 10 多个国家建立了外交关系。

（2）1949 年 12 月，毛泽东访问苏联，1950 年 2 月，双方签订《中苏友好同盟互助条约》。同时，中苏之间一系列协定的签订，使新中国在收回旧政权丧失的国家权益的基础上，同苏联建立了平等互助的新型同盟关系，在国际社会树立起独立自主办外交的良好形象。

（3）1952 年 10 月，亚洲太平洋地区和平会议在北京召开，37 个国家的 370 多名代表出席会议，会议号召亚太地区和全世界人民行动起来，反对美国的战争政策，保卫世界和平。这是新中国成立后主持召开的第一次大型国际会议。

30. 答：（1）2012 年 11 月中共十八大召开。报告系统总结了中共十七大以来五年和十六大以来十年的奋斗历程及其成就，指出：科学发展观同马克思列宁主义、毛泽东思想、邓小平理论、“三个代表”重要思想一道，是党必须长期坚持的指导思想。报告阐明中国特色社会主义的总依据、总布局、总任务，阐明中国特色社会主义道路、理论体系、制度的科学内涵及其相互关系，明确提出夺取中国特色社会主义新胜利必须牢牢把握的八项基本要求。报告重申“两个一百年”的奋斗目标，要求全党坚定道路自信、理论自信、制度自信。报告要求以改革创新精神全面推进党的建设新的伟大工程，全面提高党的建设科学化水平。以加强党的执政能力建设、先进性和纯洁性建设为主线，建设学习型、服务型、创新型的马克思主义执政党。

（3）中共十八大是在夺取全面建成小康社会的关键时刻召开的。十八大精神归结到一点，就是坚持和发展中国特色社会主义。

三、论述题（本大题共 3 小题，考生任选其中 2 题作答，每小题 10 分，共 20 分。如果考生回答的题目超过 2 题，只按考生回答题目的前 2 题计分）

31. 答：（1）性质：《资政新篇》是一个带有鲜明的资本主义色彩的改革与建设方案。

（2）主要内容：①政治方面主张“禁朋党之弊”，加强中央集权，制定法律、制度；设“暗柜”，以监督官员，改革弊政。

②经济方面主张发展近代工矿、交通、邮政、金融等事业；吸取外国的科学技术，奖励科技发明和机器制造；提出“准富者请人雇工”，即提倡资本主义的雇佣劳动制。③思想文化方面提出设新闻官、新闻馆；主张革除缠足、溺婴等社会陋习；提倡兴办学校、医院和社会福利事业。④外交方面主张同世界各国交往、通商；强调允许外国人为天国献策，但不得毁谤国法。

32. 答：（1）历史意义：第一，它沉重打击了帝国主义和封建主义的统治势力，中国人民的觉悟程度和组织程度有了明显的提高，实际上是迎接未来革命胜利的一次伟大的演习。第二，它扩大了中国共产党在中国人民中的政治影响，宣传了党在民主革命阶段的纲领，使党经受了一次大革命的洗礼，积累了初步的经验。中国共产党人正是从这场革命的失败中吸取教训，开始懂得进行土地革命和掌握革命武装的重要性，为把中国革命推进到新的土地革命战争阶段准备了必要的条件。

（2）失败的原因和教训：客观上，一是敌我力量悬殊，反革命力量十分强大；二是革命统一战线内部出现剧烈分化，蒋介石、汪精卫先后分裂统一战线，制造反共政变，使革命力量遭到严重损失。主观上，以陈独秀为首的中共中央领导机关在大革命后期犯了右倾机会主义错误，放弃了无产阶级对农民群众、城市小资产阶级和民族资产阶级的领导权，尤其是武装斗争的领导权。当时的中国共产党处于幼年时期，缺乏对中国社会和中国革命基本问题的深刻认识，缺乏革命经验尤其是处理同资产阶级的复杂关系的经验，还不善于把马克思主义基本原理和中国革命的实践结合起来。当时的中国共产党作为共产国际的一个支部，直接受共产国际的指导。共产国际及其在中国的代表虽然在这次大革命中起了积极的作用，但也出了一些错误的主意。共产国际的错误指导，对酿成陈独秀右倾机会主义错误有直接影响。

33. 答：1957 年 2 月，毛泽东发表《关于正确处理人民内部矛盾的问题》的讲话，系统阐释了社会主义社会的基本矛盾理论。

（1）基本内容：第一，社会主义社会的基本矛盾仍然是生产力和生产关系、经济基础和上层建筑之间的矛盾。这些矛盾可以经过社会主义制度本身的自我调整和完善，不断地得到解决。这实际上为积极促进社会主义制度的自我完善和发展奠定了理论基石。第二，概括提出了区分和处理敌我和人民内部两类矛盾的学说。社会主义社会存在着敌我之间和人民内部两类性质根本不同的矛盾，前者需要用强制的、专政的方法去解决，后者只能用民主的、说服教育的方法去解决。第三，提出要把正确处理人民内部矛盾作为国家政治生活的主题。

（2）意义：《关于正确处理人民内部矛盾的问题》是一篇重要的马克思主义文献。它运用马克思主义对立统一规律，创造性地阐述了社会主义社会矛盾学说，是对科学社会主义理论的重要发展，奠定了我们改革开放的基础，对中国社会主义事业具有长远的指导意义。

全国高等教育自学考试
中国近现代史纲要模拟试卷九

（课程代码 03708）

第一部分 选择题（50分）

一、单项选择题（本大题共25小题，每小题2分，共50分。在每小题列出的四个备选项中只有一个是符合题目要求的，请将其代码填写在题后的括号内。错选、多选或未选均无分）

1. “百日维新”失败后，唯一保留下来的新政措施是（　　）。

A. 准许上书言事　　B. 开设京师大学堂和各地新式学堂

C. 改革科举制度　　D. 改革国家财政

2. 1860年，《北京条约》开放的陆路商埠是（　　）。

A. 伊犁、喀什噶尔　　B. 淡水、琼州

C. 汉口、九江　　D. 镇江、南京

3. 《天朝田亩制度》的中心内容是（　　）。

A. 推翻清政府的统治　　B. 反对帝国主义的侵略

C. 解决土地问题　　D. 促进农副业生产发展

4. 1861年，清政府设立综理洋务的中央机关是（　　）。

A. 外交部　　B. 总理各国事务衙门

C. 内务府　　D. 军机处

5. 举世瞩目的维新运动的旗手是（　　）。

A. 梁启超　　B. 康有为

C. 谭嗣同　　D. 严复

6. 五四前新文化运动的主要内容是（　　）。

A. 传播马克思主义　　B. “自强”“求富”

C. 救国图存　　D. 提倡民主和科学

7. 集中讨论了建立革命统一战线的问题，决定全体共产党员以个人名义加入国民党的会议是（　　）。

A. 中共二大　　B. 中共三大

C. 中共四大　　D. 中共五大

8. 红军长征前组成北上抗日先遣队，为首的是（　　）。

A. 方志敏　　B. 叶挺

C. 博古　　D. 杨靖宇

9. 重庆谈判期间，中共中央正式确定的战略方针是（　　）。

A. “让开大路，占领两厢”　　B. “向南发展，向北防御”

C. “争取和平民主”　　D. “向北发展，向南防御”

10. 1935 年 1 月中共中央政治局在遵义召开扩大会议，会议着力解决了（　　）。

A. 红军的前进方向问题

B. 党的政治路线问题

C. 当时具有决定意义的军事和组织问题

D. 土地革命的政策问题

11. 抗日战争进入相持阶段后，日本帝国主义对国民政府采取的策略是（　　）。

A. 以军事打击为主，政治诱降为辅

B. 以政治诱降为主，军事打击为辅

C. 速战速决，武力征服

D. 军事打击和政治诱降并重

12. 中国共产党历史上第一个开展自然科学教学与研究的专门机构是（　　）。

A. 陕北公学　　B. 中国人民抗日军政大学

C. 鲁迅艺术学院　　D. 延安自然科学院

13. 1946 年 2 月 10 日，国民党特务破坏“庆祝政协成功大会”，致李公朴、郭沫若、马寅初及新闻记者等多人被打伤，史称（　　）。

A. 李闻惨案　　B. 较场口惨案

C. “一二·一”惨案　　D. 下关惨案

14. 太平天国后期，由洪仁玕提出的带有鲜明资本主义色彩的方案是（　　）。

A.《原道觉世训》　　B.《原道救世歌》

C.《天朝田亩制度》　　D.《资政新篇》

15. 1905 年 11 月，孙中山将同盟会纲领概括为民族、民权、民生三大主义的文章是（　　）。

A.《猛回头》　　B.《革命军》

C.《警世钟》　　D.《民报》发刊词

16. 1926 年 11 月，中共中央成立农民运动委员会，书记是（　　）。

A. 毛泽东　　B. 澎湃

C. 李立三　　D. 刘少奇

17. 将“没收一切土地”改为“没收一切公共土地及地主阶级的土地”的法规是（　　）。

A.《井冈山土地法》　　B.《兴国土地法》

C.《中国土地法大纲》　　D.《土地问题决议案》

18. 1951 年年底到 1952 年春，中国共产党在党政机构工作人员中开展的运动是（　　）。

A. 镇压反革命运动　　B. “三反”运动

C. “五反”运动　　D. 整风运动

19. 1980 年 5 月，中共中央决定在深圳等地设立（　　）。

A. 经济技术开发区　　B. 经济特区

C. 高新技术开发区　　D. 改革开放试验区

20. 2011 年 10 月召开的标志我国文化改革发展进入一个新阶段的会议是

（　　）。

A. 中共十六届六中全会　　B. 中共十七届一中全会

C. 中共十七届六中全会　　D. 中共十八届二中全会

21. 阐明中国特色社会主义的总依据、总布局、总任务的大会是（　　）。

A. 中共十五大　　B. 中共十六大

C. 中共十七大　　D. 中共十八大

22. 毛泽东比较全面总结农业合作化运动基本经验的报告是（　　）。

A.《关于农业合作化问题》

B.《关于农业生产互助合作的决议（草案）》

C.《关于发展农业生产合作社的决议》

D.《组织起来》

23. 1956 年被毛泽东称作“新经济政策”的是（　　）。

A. 可以消灭了资本主义，又搞资本主义

B. 社会主义条件下的商品生产

C. 社会主义条件下的价值规律

D.“三个主体，三个补充”

24. 2001 年 12 月 11 日，经过长达 15 年的艰苦谈判，中国正式加入（　　）。

A. 世界银行　　B. 世界货币基金组织

C. 世界贸易组织　　D. 联合国人权组织

25. 一致同意将科学发展观写入党章的大会是（　　）。

A. 中共十四大　　B. 中共十五大

C. 中共十六大　　D. 中共十七大

第二部分　非选择题（50分）

二、简答题（本大题共5小题，每小题6分，共30分）

26. 简述洋务新政的主要内容。

27. 简述中共十三大制定的社会主义现代化建设“三步走”的战略部署。

28. 简述1958年秋冬至庐山会议前的纠“左”努力。

29. 简述中共二大制定的民主革命纲领的主要内容及其意义。

30. 简述北伐战争得以胜利进军的原因。

三、论述题（本大题共 3 小题，考生任选其中 2 题作答，每小题 10 分，共 20 分。如果考生回答的题目超过 2 题，只按考生回答题目的前 2 题计分）

31. 试述中国人民抗日战争胜利的原因。

32. 试述太平天国农民战争的意义。

33. 试述中共八大的历史贡献。

全国高等教育自学考试
中国近现代史纲要模拟试卷九
参考答案

（课程代码 03708）

一、单项选择题（本大题共25小题，每小题2分，共50分）

1. B	2. A	3. C	4. B	5. B	6. D	7. B	8. A	9. D
10. C	11. B	12. D	13. B	14. D	15. D	16. A	17. B	18. B
19. B	20. C	21. D	22. A	23. A	24. C	25. D		

二、简答题（本大题共5小题，每小题6分，共30分）

26. 答：（1）兴办近代产业，最早兴办的是军用工业，30余年中先后办过24个规模不同的兵工厂。之后创办民用工业，经营轮船、电报、采矿冶炼与纺织工业四个部门。

（2）建立新式海陆军。训练八旗兵使用洋枪；成立洋枪队，聘请英法等国军官为教练。分别建成福建水师、广东水师、南洋水师、北洋水师。

（3）创办新式学堂、派遣留学生。创办了30多所新式学堂；先后派遣4批120名幼童赴美学习，还派遣官费留学生赴英、法、德等国学习。

27. 答：（1）第一步，实现国民生产总值比1980年翻一番，解决人民的温饱问题，这个任务已经基本实现；第二步，到20世纪末，使国民生产总值再增长一倍，人民生活达到小康水平；第三步，到21世纪中叶，人均国民生产总值达到中等发达国家水平，人民生活比较富裕，基本实现现代化。

（2）“三步走”发展战略及相关政策的制订，进一步解决了中国现代化建设的目标、步骤等关系全局的重大问题，对中国未来几十年的发展具有深远的影响，中共十一届三中全会以来的实践历程，正是“三步走”的现代化建设宏伟蓝图逐步变为现实的过程。

28. 答：（1）1958 年 11 月，毛泽东主持召开了第一次郑州会议，开始纠正已经觉察到的“左”的错误；11 月到 12 月间，在武昌举行了中共中央政治局扩大会议，接着又举行了中共八届六中全会，全会通过了《关于人民公社若干问题的决议》。根据中共八届六中全会的部署，各地普遍开展了整顿人民公社的工作，1959 年 2、3 月间召开了第二次郑州会议，进一步纠正了“左”的错误。

（2）总体来说，从第一次郑州会议开始，经过八九个月纠“左”的努力，取得了初步的成效。但是，这种纠“左”是在继续坚持总路线、“大跃进”、人民公社这“三面旗帜”的前提下进行的，因而不可避免地带有很大的局限性。

29. 答：（1）消除内乱，打倒军阀，建设国内和平；推翻国际帝国主义的压迫，达到中华民族的完全独立；统一中国为真正的民主共和国。

（2）中共二大在中国近现代历史上第一次明确提出了反帝反封建的民主革命纲领，科学的解决了长期以来的中国民族民主革命没有明确革命的对象和动力、没有分清敌友等一系列革命的基本问题。中共二大后，党的民主革命纲领很快传播开来，并广为人们所接受。

30. 答：（1）国共合作的实现，革命统一战线的建立，特别是共产党员和共青团员的先锋模范作用是北伐胜利的重要原因。

（2）北伐战争是反对帝国主义和封建军阀的正义的革命战争，得到了广大工农群众的大力支持。

（3）北伐战争得到苏联政府的多方面援助，特别是派出的军事顾问帮助北伐军制定了正确的军事战略战术。

三、论述题（本大题共 3 小题，考生任选其中 2 题作答，每小题 10 分，共 20 分。如果考生回答的题目超过 2 题，只按考生回答题目的前 2 题计分）

31. 答：（1）以爱国主义为核心的伟大民族精神是中国人民抗日战争胜利的决定性因素。在抗日战争时期，这种民族觉醒和民族精神升华达到了全新的高度，形成了伟大的抗战精神，全体中华儿女众志成城、共御外辱，为民族而战，为祖国而战，为尊严而战，汇聚起气势磅礴的力量。

（2）中国共产党的中流砥柱作用是中国人民抗日战争胜利的关键。中国共产党坚持全面抗战路线，制定正确的战略策略，开辟广大敌后战场，成为坚持抗战的中坚力量；中国共产党人成为夺取战争胜利的民族先锋。

（3）全民族抗战是中国人民抗日战争胜利的重要法宝。中国共产党领导开辟的敌后战场和国民党指挥的正面战场协力合作，形成了共同抗击日本侵略者的战略局面。中国共产党坚持动员人民、依靠人民，提出和实施持久战的战略总方针和一整套人民战争的战略战术，使日本侵略者陷入了人民战争的汪洋大海之中。

（4）世界所有爱好和平和正义的国家和人民、国际组织和各种反法西斯力量的同情和支持，是中国人民抗日战争取得胜利的国际条件。

32. 答：（1）它沉重打击了封建统治阶级，强烈撼动了清政府的统治根基，加速了清王朝的衰败过程。

（2）它是中国旧式农民战争的最高峰，具有不同于以往农民战争的新的历史特点，太平天国建立了自己的政权，提出了《天朝田亩制度》，比较完整地表达了千百年来农民对拥有土地的渴望。《资政新篇》则是中国近代史上第一个具有资本主义色彩的方案，反映出太平天国农民战争新的历史特点。

（3）太平天国对孔子及儒家经典予以严厉批判，在一定程度上削弱了封建统治的精神支柱。

（4）太平天国农民战争有力地打击了外国侵略势力，与英法军队和由外国军官指挥的“常胜军”“常捷军”进行了英勇的斗争。

（5）在 19 世纪中叶的亚洲民族解放运动中，太平天国农民战争和其他亚洲国家的民族解放运动汇合在一起，冲击了西方殖民主义在亚洲的统治。

33. 答：（1）大会正确地分析了国内的主要矛盾和主要任务，指出：我们国内的主要矛盾，已经是人民对于建立先进的工业国的要求同落后的农业国的现实之间的矛盾，已经是人民对于经济文化迅速发展的需要同当前经济文化不能满足人民需要的状况之间的矛盾。党和全国人民当前的主要任务是集中力量来解决这个矛盾，把我国尽快地从落后的农业国变为先进的工业国。

（2）大会对经济建设、政治建设、执政党建设提出了正确的指导方针。在经济建设上，大会坚持既反保守又反冒进及在综合平衡中稳步前行的方针。在政治建设上，大会要求继续加强我国的人民民主专政，建立健全法制。在执政党建设上，大会强调健全党内民主集中制，坚持集体领导制度，反对个人崇拜，发展党内民主和人民民主，加强党和群众的联系。

（3）陈云提出“三个主体，三个补充”的思想，即国家经营和集体经营是主体，一定数量的个体经营为补充；计划生产是主体，一定范围的自由生产为补充；国家市场是主体，一定范围的自由市场为补充。

（4）中共八大为全面进行社会主义建设制定的路线是正确的，提出的许多新的方针和思想是富于探索精神的。大会集中全党智慧总结提出的探索中国建设社会主义道路的重要成果，对社会主义建设事业和党的事业的发展有着长远的指导意义。

全国高等教育自学考试
中国近现代史纲要模拟试卷十

（课程代码 **03708**）

第一部分 选择题（50 分）

一、单项选择题（本大题共 25 小题，每小题 2 分，共 50 分。在每小题列出的四个备选项中只有一个是符合题目要求的，请将其代码填写在题后的括号内。错选、多选或未选均无分）

1. 洪秀全在广西发动金田起义的时间是（　　）。

A. 1851 年　　B. 1853 年

C. 1856 年　　D. 1864 年

2. 19 世纪 60 年代，清朝统治集团中倡导洋务的首领人物是（　　）。

A. 奕䜣　　B. 桂良

C. 曾国藩　　D. 李鸿章

3. 1894 年，孙中山在檀香山建立的资产阶级革命组织是（　　）。

A. 兴中会　　B. 华兴会

C. 光复会　　D. 岳王会

4. 1905 年，中国同盟会成立后的机关报是（　　）。

A.《时务报》　　B.《国闻报》

C.《新民丛报》　　D.《民报》

5. 1911 年 10 月，资产阶级革命派发动了将辛亥革命推向高潮的（　　）。

A. 惠州起义　　B. 河口起义

C. 广州起义　　D. 武昌起义

6. 1920 年，陈独秀等建立的中国共产党早期组织是（　　）。

A. 北京共产主义小组　　B. 上海共产主义小组

C. 武汉共产主义小组　　D. 广州共产主义小组

7. 第一次国共合作的政治基础是（　　）。

A. 三民主义　　B. 新民主主义

C. 新三民主义　　D. 社会主义

8. 1927 年，汪精卫在武汉制造了屠杀共产党人和革命群众的（　　）。

A. 中山舰事件　　B. 整理党务案事件

C. 四一二事变　　D. 七一五事变

9. 1930 年 1 月，毛泽东论述中国革命“以乡村为中心”思想的著作是（　　）。

A.《井冈山的斗争》　　B.《星星之火，可以燎原》

C.《反对本本主义》　　D.《中国革命和中国共产党》

10. 1930 年到 1931 年，在红一方面军三次反“围剿”斗争胜利的基础上形成了（　　）。

A. 鄂豫皖革命根据地　　B. 左右江革命根据地

C. 湘鄂西革命根据地　　D. 中央革命根据地

11. 抗日战争进入相持阶段后，日本帝国主义对国民党政府采取的政策是（　　）。

A. 以军事打击为主，政治诱降为辅

B. 以政治诱降为主，军事打击为辅

C. 军事打击和政治诱降并重

D. 速战速决，武力征服

12. 中国共产党制定《抗日救国十大纲领》的重要会议是（　　）。

A. 瓦窑堡会议　　B. 洛川会议

C. 中共六届六中全会　　D. 中共六届七中全会

13. 1947 年 10 月 10 日，《中国人民解放军总部宣言》正式提出的口号是（ ）。

A. 打倒蒋介石，解放全中国　　B. 向北发展，向南防御

C. 和平、民主、团结　　D. 将革命进行到底

14. 1946 年，中国共产党决定将减租减息政策改为实现“耕者有其田”政策的文件是（ ）。

A.《井冈山土地法》

B.《兴国土地法》

C.《关于清算、减租及土地问题的指示》

D.《中国土地法大纲》

15. 1949 年 6 月，毛泽东发表的系统论述中国共产党建国主张的著作是（ ）。

A.《新民主主义论》　　B.《目前形势和我们的任务》

C.《论联合政府》　　D.《论人民民主专政》

16. 1950 年 6 月，中共七届三中全会确定的中心任务是（ ）。

A. 迅速消灭国民党残余势力

B. 完成新放区土地改革

C. 统一全国财政经济工作

D. 争取国家财政经济状况的基本好转

17. 新中国成立后，社会主义国营经济建立的主要途径是（ ）。

A. 没收帝国主义在华企业　　B. 没收官僚资本

C. 没收民族资本　　D. 没收地主阶级的土地和财产

18. 新中国第一颗原子弹试验成功是在（ ）。

A. 1964 年 10 月　　B. 1966 年 10 月

C. 1967 年 6 月　　D. 1970 年 4 月

19. 1899 年，因列强不满山东巡抚镇压义和团不力，清政府另派去进行镇压的官员是（ ）。

A. 曾国藩　　B. 李鸿章

C. 毓贤　　D. 袁世凯

20. 1853 年 3 月，太平军攻克南京并定为首都，改名为（　　）。

A. 石头城　　B. 天京

C. 建业　　D. 建康

21. 1915 年 12 月 25 日，反对袁世凯称帝，宣布云南独立的是（　　）。

A. 李烈钧　　B. 蔡锷

C. 黄兴　　D. 唐继尧

22. 第一个农民协会的地点和领导者是（　　）。

A. 浙江省萧山县衙前村和沈定一

B. 广东省海丰县和彭湃

C. 湖南省韶山和毛泽东

D. 江西省井冈山和毛泽东

23. 毛泽东提出“中国革命斗争胜利要靠中国同志了解中国情况”的文章是（　　）。

A.《中国的红色政权为什么能够存在?》

B.《井冈山的斗争》

C.《星星之火，可以燎原》

D.《反对本本主义》

24. 中国共产党领导的南方八省游击队改编后，任新四军正副军长的是（　　）。

A. 朱德、彭德怀　　B. 林彪、聂荣臻

C. 叶挺、项英　　D. 毛泽东、朱德

25. 阐明两岸统一，实现和平统一九项方针政策的中国领导人是（　　）。

A. 毛泽东　　B. 邓小平

C. 叶剑英　　D. 江泽民

第二部分　非选择题（50分）

二、简答题（本大题共5小题，每小题6分，共30分）

26. 简述五四运动爆发的社会历史条件。

27. 简述遵义会议的历史意义。

28. 简述新中国对资本主义工商业采取和平赎买政策的特点。

29. 简述巩固和扩大中国新民主主义革命统一战线的主要条件。

30. 简述我国农业社会主义改造经历的几种经济组织形式及其性质。

三、论述题（本大题共 3 小题，考生任选其中 2 题作答，每小题 10 分，共 20 分。如果考生回答的题目超过 2 题，只按考生回答题目的前 2 题计分）

31. 论述近代以来中国民族面临的两大历史任务及其相互关系。

32. 论述中共中央于1981年发表的《关于建国以来党的若干历史问题的决议》的主要内容及意义。

33. 试述全国解放战争时期，各民主党派与中国共产党团结合作的主要表现。

全国高等教育自学考试
中国近现代史纲要模拟试卷十
参考答案

（课程代码　03708）

一、单项选择题

1. A	2. A	3. A	4. D	5. D	6. B	7. C	8. D	9. B
10. D	11. B	12. B	13. A	14. C	15. D	16. D	17. B	18. A
19. D	20. B	21. B	22. A	23. D	24. C	25. C		

二、简答题

26. 答：第一，它发生在俄国十月革命所开辟的世界无产阶级社会主义革命的新时代。

第二，第一次世界大战期间，中国工人阶级和民族资产阶级的力量壮大起来。

第三，新文化运动掀起的思想解放运动，为五四运动准备了群众基础和骨干力量。

27. 答：遵义会议在极其危急的情况下，挽救了中国共产党、中国工农红军和中国革命；开始确立以毛泽东为代表的新的中央领导，成为中国共产党历史上一个生死攸关的转折点；标志着中国共产党在政治上走向成熟。

28. 答：第一，有偿地而不是无偿地、逐步地而不是突然地改变资产阶级的所有制。第二，在改造他们的同时，给予他们必要的工作安排。第二，不剥夺资产阶级的选举权，并对在改造事业中有贡献的代表人物给以恰当的政治安排。

29. 答：第一，坚持工人阶级及其政党的领导权，率领同盟者向共同的敌人做坚决的斗争并取得胜利；

第二，对被领导者给以物质福利，至少不损害其利益，同时对被领导者给以政治教育；

第三，对资产阶级实行又联系、又斗争的政策。

30. 答：第一是互助组，这是具有社会主义萌芽性质的经济组织。

第二是初级农业生产合作社，这是具有半社会主义性质的经济组织。

第三是高级农业生产合作社，这是具有社会主义性质的经济组织。

三、论述题

31. 答：近代以来中华民族面临的两大历史任务：一是求得民族独立和人民解放；二是实现国家繁荣富强和人民共同富裕。两大历史任务既相互区别，又相互联系。

其区别在于，前者要改变民族遭压迫、人民受剥削的地位和状况，从根本上推翻中国半殖民地半封建社会的统治秩序，解决生产关系问题；后者要改变近代中国经济文化和社会落后的地位与状况，充分发展近代民族工商业，解决生产力问题。

其联系在于，只有完成第一大任务，才能为第二大任务的完成创造条件；而完成第二大任务是完成第一大任务的最终目的。

32. 答：《关于建国以来党的若干历史问题的决议》从根本上否定了“文化大革命”的理论和实践，对新中国成立以来的重大历史事件做出了基本结论；肯定了中共十一届三中全会以来确立的中国特色社会主义道路，进一步明确了中国社会主义事业和党的工作方向。

《关于建国以来党的若干历史问题的决议》标志着党在指导思想上拨乱反正的胜利完成，表明中国共产党是成熟、坚强的马克思主义政党，体现了中国共产党纠正错误、探索新道路的能力。

33. 答：（1）在重庆谈判和政协会议期间，各民主党派作为“第三方面”，同共产党一起反对国民党反动派的内战、独裁政策，为和平民主而共同努力。

（2）在国民党当局撕毁政协协议、发动全面内战时，民主党派中的大多数同共产党保持一致；拒绝参加国民党一手包办的“国民大会”、反对国民党炮制的“宪法”。

（3）民主党派的许多成员积极参加和支持中国共产党领导的爱国民主运动，有的为此流血牺牲，如民盟中央委员李公朴、闻一多，民盟中央常委兼西北总支部主任委员杜斌丞。

（4）在人民战争节节胜利的形势下，各民主党派公开宣言，同共产党一道，为推翻国民党的反动统治和建立新中国而共同奋斗。

全国高等教育自学考试
中国近现代史纲要模拟试卷十一

（课程代码　**03708**）

第一部分　选择题（50 分）

一、单项选择题（本大题共 25 小题，每小题 2 分，共 50 分。在每小题列出的四个备选项中只有一个符合题目要求的，请将其代码填写在题后的括号内。错选、多选或未选均无分）

1. 洋务运动时期兴办的第一个规模较大的兵工厂是（　　）。

A. 马尾船政局　　B. 金陵机器局

C. 天津机器局　　D. 江南制造总局

2. 戊戌维新时期，梁启超曾任主笔的报纸是（　　）。

A.《时务报》　　B.《万国公报》

C.《国闻报》　　D.《湘报》

3. 1898 年 3 月，张之洞发表的对抗维新变法的代表作是（　　）。

A.《新学伪经考》　　B.《孔子改制考》

C.《人类公理》　　D.《劝学篇》

4. 1904 年至 1905 年，外国侵略者为争夺在华利益而在中国东北进行的战争是（　　）。

A. 英法战争　　B. 英俄战争

C. 日美战争　　D. 日俄战争

5. 20 世纪初，邹容发表的号召人民推翻清朝统治、建立“中华共和国”的著作是（　　）。

A.《驳康有为论革命书》　　B.《革命军》

C.《警世钟》　　D.《猛回头》

6. 中国同盟会的机关报是（　　）。

A.《民报》　　B.《苏报》

C.《民国日报》　　D.《新民从报》

7. 天京事变后，洪秀全为挽救危局提拔的年轻将领是（　　）。

A. 陈玉成、李秀成　　B. 陈玉成、洪仁玕

C. 洪仁玕、李秀成　　D. 洪仁玕、石达开

8. 我国对资本主义工商业进行社会主义改造的高级形式是（　　）。

A. 加工订货　　B. 统购包销

C. 公私合营　　D. 经销代销

9. 新中国发展国民经济的第一个五年计划规定，集中主要力量发展（　　）。

A. 重工业　　B. 轻工业

C. 农业　　D. 交通运输业

10. 中国旧民主主义革命失败的标志是（　　）。

A. “二次革命”的失败　　B. 护国战争的失败

C. 第一次护法战争的失败　　D. 第二次护法战争的失败

11. 鲁迅在《新青年》上发表的第一篇白话文小说是（　　）。

A.《孔乙己》　　B.《药》

C.《狂人日记》　　D.《阿 Q 正传》

12. 标志中国新民主主义革命开端的运动是（　　）。

A. 保路运动　　B. 新文化运动

C. 五四运动　　D. 五卅运动

13. 1920 年 8 月，陈独秀等领导建立的中国最早的地方共产党组织（　　）。

A. 北京共产主义小组　　B. 上海共产主义小组

C. 武汉共产主义小组　　D. 广州共产主义小组

14. 1921 年 8 月，中国共产党在上海成立的领导工人运动的专门机关是（　　）。

A. 职工运动委员会　　　　B. 中华全国总工会

C. 中国劳动组合委员会　　D. 省港罢工委员会

15. 1927 年毛泽东在中共八七会议上提出的著名论断是（　　）。

A. 须知政权是由枪杆子中取得的

B. 没有调查就没有发言权

C. 兵民是胜利之本

D. 一切反动派都是纸老虎

16. 从 1930 年到 1931 年，红一方面军在三次反“围剿”斗争胜利的基础上开辟了（　　）。

A. 鄂豫皖革命根据地　　B. 左右江革命根据地

C. 湘鄂西革命根据地　　D. 中央革命根据地

17. 1946 年 6 月 26 日，国民党挑起全面内战的起点是（　　）。

A. 大举围攻中原解放区　　B. 大举围攻东北解放区

C. 重点进攻陕甘宁边区　　D. 重点进攻山东解放区

18. 1935 年 1 月，在长征途中召开的中共中央政治局扩大会议是（　　）。

A. 吉田会议　　B. 遵义会议

C. 瓦窑堡会议　　D. 洛川会议

19. 1938 年 5~6 月间，毛泽东系统阐述抗日战争的特点、前途和发展规律的重要讲演是（　　）。

A.《抗日救国十大纲领》

B.《论持久战》

C.《中国革命和中国共产党》

D.《新民主主义》

20. 抗日战争胜利后，国共双方经过谈判签署《政府与中共代表会谈纪要》的时间是（　　）。

A. 1945 年 4 月 3 日　　B. 1945 年 9 月 19 日

C. 1945 年 10 月 10 日　　D. 1946 年 1 月 10 日

21. 抗日民族统一战线中的顽固势力是（　　）。

A. 民族资产阶级

B. 城市小资产阶级

C. 大地主大资产阶级的抗日派

D. 地方实力派

22. 中国共产党开展的延安整风运动最主要的任务是（　　）。

A. 反对主观主义　　B. 反对宗派主义

C. 反对官僚主义　　D. 反对党八股

23. 1949 年 4 月 21 日，中国人民解放军发起的重大战役是（　　）。

A. 辽沈战役　　B. 淮海战役

C. 平津战役　　D. 渡江战役

24. 毛泽东在《论人民民主专政》一文中指出，人民民主专政的基础是（　　）。

A. 工人阶级和民族资产阶级的联盟

B. 农民阶级和民族资产阶级的联盟

C. 工人阶级和农民阶级的联盟

D. 工人阶级和城市小资产阶级的联盟

25. 中国进入新民主主义社会后，在经济上处于领导地位的是（　　）。

A. 私人资本主义经济　　B. 国营经济

C. 国家资本主义经济　　D. 合作社经济

第二部分　非选择题（50分）

二、简答题（本大题共5小题，每小题6分，共30分）

26. 简述中国国民党第一次全国代表大会对三民主义的新阐释。

27. 简述1927年建立的国民党南京政权实行独裁统治的主要表现。

28. 简述新民主主义革命总路线及新民主主义革命的三大经济纲领。

29. 简述新中国建立初期开展的“三反”“五反”运动的主要内容。

30. 简述在探索中国社会主义建设道路过程中，毛泽东题出的关于经济建设的主要思想。

三、论述题（本大题共3小题，考生任选其中2题作答，每小题10分，共20分。如果考生回答的题目超过2题，只按考生回答题目的前2题计分）

31. 论述中国半殖民地半封建社会的主要矛盾及其相互关系。

32. 论述以胡锦涛为总书记的中共中央提出的科学发展观的意义。

33. 论述毛泽东在探索中国社会主义建设道路过程中理论贡献的主要方面。

全国高等教育自学考试
中国近现代史纲要模拟试卷十一
参考答案

（课程代码　**03708**）

一、单项选择题（本大题共25小题，每小题2分，共50分）

1. D　2. A　3. D　4. D　5. B　6. A　7. A　8. C　9. A
10. D　11. C　12. C　13. B　14. C　15. A　16. D　17. A　18. B
19. B　20. C　21. C　22. A　23. D　24. C　25. B

二、简答题（本大题共5小题，每小题6分，共30分）

26. 答：民主主义突出了反对帝国主义的内容，强调对外争取中华民族的完全独立，主张国内民族各民族一律平等：民权主义强调民权为一般平民所共有，不应为“少数人所得而私”：民生主义在“平均地权”基础上增加了“节制资本”的原则，并提出改善工农的生活状况。

27. 答：为了镇压人民和消灭异己力量，国民党建立了庞大的军队和全国性的特务系统。为了控制人民和禁止革命活动，国民党大力推行保甲制度和实行文化专制主义。

28. 答：新民主主义革命总路线是：无产阶级领导的，人民大众的，反对帝国主义、封建主义和官僚资本主义的革命。新民主主义革命的三大经济纲领是：没收封建阶级的土地归人民所有，没收蒋介石、宋子文、孔祥熙、陈立夫为首的垄断资本归新民主主义的国家所有，保护民族工商业。

29. 答：“三反”运动的主要内容是：在党政机构工作人员中开展反贪污、反浪费、反官僚主义的斗争。“五反”运动的主要内容是：在工商业者中开展反行贿、反偷税漏税、反盗窃国家资财、反偷工减料、反盗窃国家经济情报的斗争。

30. 答：要正确处理重工业、轻工业和农业的关系，以农、轻、重为序发展国民经济；在优先发展重工业的条件下，坚持工业和农业并举等“两条腿”走路的方针；正确解决好综合平衡的问题，处理好积累和消费、生产和生活以及国家、集体和个人之间的关系，统筹兼顾，适当安排。

三、论述题（本大题共3小题，考生任选其中2题作答，每小题10分，共20分。如果考生回答的题目超过2题，只按考生回答题目的前2题计分）

31. 答：中国半殖民地半封建社会的主要矛盾是：帝国主义与中华民族的矛盾、封建主义与人民大众的矛盾，而帝国主义与中华民族的矛盾是各种矛盾中最主要的矛盾。两对主要矛盾之间的相互关系是：当外国列强向中国发动侵略战争时，阶级矛盾降到次要地位，民族矛盾上升到主要地位。当外国侵略者同中国封建政权相勾结，共同镇压中国革命，尤其是封建地主阶级对人民的压迫特别残酷时阶级矛盾上升为主要矛盾。

32. 答：第一，是以邓小平理论和“三个代表”重要思想为指导，从新世纪新阶段党和国家事业发展的全局出发，立足社会主义初级阶段基本国情，总结中国发展实践，借鉴国外发展经验，适应新的发展要求提出的重大战略思想。第二，是对中共三代中央领导集体关于发展的重要思想的继承和发展，是马克思主义关于发展的世界观和方法论的集中体现，是同马克思列宁主义、毛泽东思想、邓小平理论和“三个代表”重要思想既一脉相承又与时俱进的科学理论，是我国经济社会发展的重要指导方针。

33. 答：毛泽东论述了必须实行马克思主义与中国实际“第二次结合”的基本思想；提出了社会主义社会矛盾的学说；阐明了建设社会主义的基本方针。毛泽东对社会主义的发展阶段、社会主义现代化建设的战略目标和步骤、社会主义经济建设、社会主义民主政治建设、社会主义民主文化建设、国防建设和军队建设、共产党自身建设等方面的阐明，这些重要思想，把对社会主义社会建设和发展规律的认识大大地向前推进，为继续进行探索中国特色社会主义理论提供了重要的基础。

全国高等教育自学考试
中国近现代史纲要模拟试卷十二

（课程代码　03708）

第一部分　选择题（50分）

一、单项选择题（本大题共25小题，每小题2分，共50分。在每小题列出的四个备选项中只有一个符合题目要求的，请将其代码填写在题后的括号内。错选、多选或未选均无分）

1. 1851年，中国爆发的一场伟大的农民战争是（　　）。

A. 三元里人民抗英斗争　　B. 太平天国运动

C. 台湾高山族人民抗日斗争　　D. 义和团运动

2. 1911年4月，资产阶级革命派在黄兴带领下举行了（　　）。

A. 惠州起义　　B. 黄花岗起义

C. 护国战争　　D. 护法战争

3. 毛泽东指出，在社会主义改造完成后我国政治生活的主题是正确处理（　　）。

A. 生产关系与生产力之间的矛盾　　B. 上层建筑与经济基础之间的矛盾

C. 敌我矛盾　　D. 人民内部矛盾

4. 1914年7月，孙中山在东京正式成立了（　　）。

A. 兴中会　　B. 中国同盟会

C. 中华革命党　　D. 中国国民党

5. 1915 年 9 月在上海创办《青年》杂志的是（　　）。

A. 胡适　　B. 鲁迅

C. 李大钊　　D. 陈独秀

6. 中国新民主主义革命的伟大开端是（　　）。

A. 戊戌变法运动　　B. 保路运动

C. 新文化运动　　D. 五四运动

7. 1922 年召开的中共二大第一次明确提出了（　　）。

A. 实现共产主义的最高纲领　　B. 新民主主义革命总路线

C. 反帝反封建的民主革命纲领　　D. 土地革命总路线

8. 中国共产党领导的中国工人运动第一个高潮的起点是（　　）。

A. 香港海员罢工　　B. 安远路矿工人罢工

C. 京汉铁路工人罢工　　D. 省港工人罢工

9. 第一次国共合作的政治基础是（　　）。

A. 三民主义　　B. 新三民主义

C. 新民主主义　　D. 社会主义

10. 1927 年，蒋介石在上海制造了捕杀共产党员和革命群众的（　　）。

A. 中山舰事件　　B. 整理党务案

C. 四一二政变　　D. 七一五政变

11. 国民党南京政权建立后，官僚资本的垄断活动首先和主要是从（　　）。

A. 重工业方面开始的　　B. 商业方面开始的

C. 轻工业方面开始的　　D. 金融业方面开始的

12. 1927 年大革命失败后，中国共产党召开的确定土地革命和武装斗争方针的会议是（　　）。

A. 八七会议　　B. 古田会议

C. 遵义会议　　D. 洛川会议

13. 1931 年 1 月至 1935 年 1 月，中国共产党内出现的主要错误倾向是（　　）。

A. “左”倾盲动主义　　B. “左”倾教条主义

C. 右倾保守主义　　D. 右倾投降主义

14. 在中共八大上提出“三个主体，三个补充”思想的是（　　）。

A. 毛泽东　　B. 陈云

C. 周恩来　　D. 邓小平

15. 1933 年 11 月，在福州发动抗日反蒋事变的国民党爱国将领是（　　）。

A. 马占山和李杜　　B. 冯玉祥和吉鸿昌

C. 蔡廷锴和蒋光鼐　　D. 张学良和杨虎城

16. 1941 年 3 月，在大后方抗日民主运动中诞生的民主党派是（　　）。

A. 中华民族解放行动委员会　　B. 中国民主建国会

C. 中国民主促进会　　D. 中国民主政团同盟

17. 毛泽东系统阐明农业合作化理论的重要文献是（　　）。

A.《介绍一个合作社》　　B.《关于农业合作化问题》

C.《组织起来》　　D.《中国农村的社会主义高潮》

18. 1945 年 8 月，发表《对日寇的最后一战》声明的是（　　）。

A. 朱德　　B. 毛泽东

C. 彭德怀　　D. 刘伯承

19. 1945 年 10 月 10 日，国共双方签署了（　　）。

A.《国共重庆谈判纪要》　　B.《国共重庆谈判协定》

C.《政府与中共代表会谈协定》　　D.《政府与中共代表会谈纪要》

20. 1948 年 4 月，毛泽东完整地提出新民主主义革命总路线的著作是（　　）。

A.《新民主主义论》　　B.《目前形势和我们的任务》

C.《在晋绥干部会议上的讲话》　　D.《将革命进行到底》

21. 中国人民解放军在 1949 年 4 月 21 日发起的重大战役是（　　）。

A. 辽沈战役　　B. 淮海战役

C. 平津战役　　D. 渡江战役

22. 新中国第一部婚姻法颁布的时间是（　　）。

A. 1950 年 5 月　　B. 1950 年 6 月

C. 1951 年 7 月　　D. 1951 年 8 月

23. 洋务运动失败的标志是（　　）。

A. 北洋海军全军覆没　　B. 民用企业大批亏损

C. 南洋海军全军覆没　　D. 维新运动的兴起

24. 中国共产党在过渡时期总路线的主体是实现（　　）。

A. 国家的社会主义工业化

B. 国家对农业的社会主义改造

C. 国家对手工业的社会主义改造

D. 国家对社会主义工商业的社会主义改造

25. 新中国开始实行发展国民经济的第一个五年计划是在（　　）。

A. 1950 年　　B. 1951 年

C. 1952 年　　D. 1953 年

第二部分　非选择题（50 分）

二、简答题（本大题共 5 小题，每小题 6 分，共 30 分）

26. 简述戊戌维新运动的历史意义。

27. 简述资产阶级革命派与改良派论战的意义。

28. 简述近代中国民族资本主义经济的特点。

29. 简述中国人民抗日战争胜利的基本经验。

30. 简述毛泽东关于社会主义现代化建设“两步走”的战略。

三、论述题（本大题共 3 小题，考生任选其中 2 题作答，每小题 10 分，共 20 分。如果考生回答的题目超过 2 题，只按考生回答题目的前 2 题计分）

31. 论述太平天国农民战争的意义。

32. 论述中共十一届三中全会是新中国成立以来伟大的历史性转折。

33. 论述中国革命只能走农村包围城市武装夺取政权的道路。

全国高等教育自学考试
中国近现代史纲要模拟试卷十二
参考答案

（课程代码 **03708**）

一、单项选择题（本大题共25小题，每小题2分，共50分）

1. B　2. B　3. D　4. C　5. D　6. D　7. C　8. A　9. B
10. C　11. D　12. A　13. B　14. B　15. C　16. D　17. B　18. B
19. D　20. C　21. D　22. A　23. A　24. A　25. D

二、简答题（本大题共5小题，每小题6分，共30分）

26. 答：第一，戊戌维新运动是一次爱国救亡运动，反映了时代的要求。

第二，戊戌维新运动是一场资产阶级性质的政治改革运动，在一定程度上冲击了封建制度。

第三，戊戌维新运动是一场思想启蒙运动，有利于民主主义思想在中国的传播。

第四，戊戌维新运动在改革社会风气方面也有积极作用。

27. 答：第一，论战划清了革命与改良的界限，使人们清楚地认识到实行民主革命的必要性，加入革命的行列。

第二，论战使资产阶级民主思想和三民主义思想得到了更加广泛的传播，促进了革命力量的壮大，为推翻清朝统治的革命斗争奠定了思想基础。

28. 答：第一，民族资本主义经济在国民经济中所占比重很小，始终没有成为中国社会经济的主要形式。

第二，在民族资本中，工业资本所占比重小，商业资本和金融资本所占比重大。

第三，民族资本主义工业主要是以纺织、食品工业为主的轻工业，缺乏重工业基础。

第四，民族资本所经营的工业，规模小，经营分散，技术设备落后，生产率低。

第五，民族资本主义经济和封建势力有关系。

29. 答：第一，全国人民的大团结，是中国人民战胜一切艰难困苦，实现抗战胜利的力量源泉。

第二，以爱国主义为核心的伟大民族精神是中国人民团结奋进的精神动力。

第三，中国人民热爱和平，反对侵略战争，同时又不惧怕战争。

30. 答：第一步，建成一个独立的比较完整的工业体系和国民经济体系。

第二部，全面实现农业、工业、国防和科学技术的现代化，使中国的经济走在世界前列。

三、论述题（本大题共3小题，考生任选其中2题作答，每小题10分，共20分。如果考生回答的题目超过2题，只按考生回答题目的前2题计分）

31. 答：第一，它沉重打击了封建统治阶级，强烈撼动了清政府的统治根基。特别是它坚持14年之久，革命势力扩展到18个省，这是以往历次农民起义都比不上的。

第二，它是旧式中国农民战争的高峰，具有不同于以往农民战争的新特点。特别是它颁布了《天朝田亩制度》，比较完整地表达了千百年来农民对土地的渴望；《资政新篇》则是中国近代史上第一个具有资本主义色彩的改革方案。

第三，它对儒家经典给以严厉的批判，一定程度地削弱了封建统治的精神支柱。

第四，它有力地打击了外国侵略势力。

第五，它和其他亚洲国家的民族解放运动汇合在一起，冲击了西方殖民主义在亚洲的统治。

32. 答：第一，中共十一届三中全会冲破了长期“左”的错误思想的严重束缚，彻底否定了“两个凡是”的错误方针，高度评价了关于真理标准问题的讨论，并且断然否定“以阶级斗争为纲”的指导思想；做出了把工作重点转移到社会主义现代化建设上来和实行改革开放的战略决策，全会重新确立了马克思主义的思想路线、政治路线和组织路线。

第二，全会恢复了党的民主集中制的优良传统，审查解决了历史上遗留的一批重大问题和一些重要领导人的功过是非问题。

第三，全会结束了粉碎“四人帮”后两年在徘徊中前进的局面，开始了中国共产党在思想、政治、组织等领域的全面拨乱反正，形成了以邓小平为核心的党中央领导集体，拉开了改革开放的序幕。

33. 答：（1）武装斗争的重要性。大革命的失败使共产党人认识到了武装斗争的重要性。八七会议确定了土地革命和武装斗争的方针。

（2）走农村包围城市道路的必要性。继南昌起义、秋收起义、广州起义之后，中国共产党在海陆丰、琼崖、陕西等地区领导了近百次武装起义，但都失败了。失败的经验表明，中国革命只能走农村包围城市武装夺取政权的道路。

（3）走农村包围城市的可能性。毛泽东在《中国的红色政权为什么能够存在?》《井冈山的斗争》两篇文章中回答了红色政权存在和发展的原因和条件，阐明了走农村包围城市的可能性。

第二编
近年自考试题汇编

2015年10月全国高等教育自学考试
中国近现代史纲要试卷

（课程代码　**03708**）

第一部分　选择题（50分）

一、单项选择题（本大题共25小题，每小题2分，共50分。在每小题列出的四个备选项中只有一个是符合题目要求的，请将其代码填写在题后的括号内。错选、多选或未选均无分）

1. 在19世纪末西方列强瓜分中国的狂潮中，提出“门户开放”政策的国家是（　　）。

A. 美国　　B. 日本

C. 俄国　　D. 德国

2. 1843年，魏源在《海国图志》中提出的思想主张是（　　）。

A. 中学为体，西学为用　　B. 师夷长技以制夷

C. 物竞天择，适者生存　　D. 维新变法，救亡图存

3. 太平天国后期，提出《资政新篇》这一具有资本主义色彩改革方案的人是（　　）。

A. 洪秀全　　B. 杨秀清

C. 洪仁玕　　D. 石达开

4. 1861年，清政府设立的综理洋务的中央机关是（　　）。

A. 江南制造总局　　B. 京师同文馆

C. 总理各国事务衙门　　D. 外务部

5. 到 19 世纪 90 年代，洋务派建成的新式海军中的主力是（　　）。

A. 北洋水师　　B. 广东水师

C. 南洋水师　　D. 福建水师

6. 戊戌维新时期，维新派在上海创办的影响较大的报刊是（　　）。

A.《万国公报》　　B.《国闻报》

C.《湘报》　　D.《时务报》

7. 在中国近代史上，资产阶级思想与封建主义思想的第一次正面交锋是（　　）。

A. 维新派与守旧派的论战　　B. 洋务派与顽固派的论战

C. 洋务派与维新派的论战　　D. 革命派与改良派的论战

8. 20 世纪初，邹容发表的宣传民主革命思想的著作是（　　）。

A.《驳康有为论革命书》　　B.《革命军》

C.《警世钟》　　D.《猛回头》

9. 近代中国历史上第一个全国性的资产阶级革命政党是（　　）。

A. 兴中会　　B. 中国同盟会

C. 中华革命党　　D. 中国国民党

10. 第一次国共合作建立后，全国范围大革命风暴兴起的标志是（　　）。

A. 护国战争　　B. 护法运动

C. 北伐战争　　D. 五卅运动

11. 1930 年 8 月，国民党民主人士邓演达领导成立的中间党派是（　　）。

A. 中国青年党　　B. 中国民主同盟

C. 中国国民党临时行动委员会　　D. 中华职业教育社

12. 1931 年 11 月，当选为中华苏维埃共和国中央执行委员会主席的是（　　）。

A. 毛泽东　　B. 周恩来

C. 项英　　D. 王稼祥

13. 1935 年 1 月，中国共产党召开的具有历史转折意义的会议是（　　）。

A. 八七会议　　B. 古田会议

C. 遵义会议　　　　D. 洛川会议

14. 毛泽东在《论持久战》中指出，中国抗日战争取得胜利最关键的阶段是（　　）。

A. 战略防御阶段　　　　B. 战略相持阶段

C. 战略反攻阶段　　　　D. 战略决战阶段

15. 1946年6月，国民党当局制造的镇压上海人民团体联合会请愿团的惨案是（　　）。

A. 二七惨案　　　　B. 校场口惨案

C. 下关惨案　　　　D. 确山惨案

16. 1947年在国统区爆发的大规模的爱国学生运动是（　　）。

A. “一二·九”运动　　　　B. “一二·一”运动

C. “一二·三0”运动　　　　D. “五·二0”运动

17. 1947年10月发布的《中国人民解放军总部宣言》正式提出的行动口号是（　　）。

A. 和平、民主、团结　　　　B. 向北发展、向南防御

C. 打倒蒋介石、解放全中国　　　　D. 打过长江去、解放全中国

18. 新中国成立初期，社会主义国营经济建立的主要途径是（　　）。

A. 没收官僚资本　　　　B. 征用外国资本

C. 赎买民族资本　　　　D. 合并公营资本

19. 1962年年初，中共中央为总结经验教训、明确工作方向召开的会议是（　　）。

A. 南宁会议　　　　B. “七千人大会”

C. 成都会议　　　　D. 武昌会议

20. 新中国第一颗人造地球卫星发射成功的时间是（　　）。

A. 1964年10月　　　　B. 1966年10月

C. 1967年10月　　　　D. 1970年4月

21. 1979年元旦，全国人大常委会发表的重要文献是（　　）。

A.《关于台湾回归祖国实现和平统一的方针政策》

B.《告台湾同胞书》

C.《为促进祖国统一大业的完成而继续奋斗》

D.《反分裂国家法》

22. 中国共产党第一次完整地概括社会主义初级阶段基本路线的会议是（　　）。

A. 中共十三大　　B. 中共十四大

C. 中共十五大　　D. 中共十六大

23. 中国恢复对澳门行使主权的时间是（　　）。

A. 1997年7月1日　　B. 1997年12月20日

C. 1999年7月1日　　D. 1999年12月20日

24. 2013年11月，做出《关于全面深化改革若干重大问题的决定》的会议是（　　）。

A. 中共十八届一中全会　　B. 中共十八届二中全会

C. 中共十八届三中全会　　D. 中共十八届四中全会

25. 20世纪以来，中国经历的第三次历史性巨变是（　　）。

A. 辛亥革命，推翻统治中国几千年的君主专制制度

B. 五四运动，揭开新民主主义革命的序幕

C. 中华人民共和国的成立和社会主义制度的建立

D. 改革开放，为实现社会主义现代化而奋斗

第二部分　非选择题（50分）

二、简答题（本大题共5小题，每小题6分，共30分）

26. 简述近代中国工人阶级的特点。

27. 为什么说1912年建立的南京临时政府是一个资产阶级共和国性质的革命政权?

28. 简述三湾改编的主要内容。

29. 简述中国革命统一战线中的两个联盟及其关系。

30. 简述毛泽东发表《论十大关系》一文的意义。

三、论述题（本大题共3小题，考生任选其中2题作答，每小题10分，共20分。如果考生回答的题目超过2期，只按考生回答题目的前2题计分）

31. 试述中国共产党成立的历史意义。

32. 试述中国人民抗日战争在世界反法西斯战争中的地位。

33. 试述社会主义改造基本完成的意义。

2015 年 10 月全国高等教育自学考试
中国近现代史纲要试卷
参考答案

（课程代码　03708）

一、单项选择题（本大题共 25 小题，每小题 2 分，共 50 分。）

1. A	2. B	3. C	4. C	5. A	6. D	7. A	8. B	9. B
10. D	11. C	12. A	13. C	14. B	15. C	16. D	17. C	18. A
19. B	20. D	21. B	22. A	23. D	24. C	25. D		

二、简答题（本大题共 5 小题，每小题 6 分，共 30 分。）

26. 答：第一，深受帝国主义、封建势力和资产阶级的三重压迫和剥削，革命性最强。第二，人数虽少，但相对集中，便于形成革命力量和传播先进思想。第三，主要由破产农民和家庭手工业者转化而来，同农民有着天然联系，便于结成工农联盟。

27. 答：第一，在人员构成上，资产阶级革命派控制着政权。第二，其实行的各项政策措施，集中体现了中国民族资产阶级的愿望和利益。第三，临时参议院颁布的《中华民国临时约法》，是中国历史上第一部具有资产阶级共和国宪法性质的法典。

28. 答：一是将原有的一个师缩编为一个团；二是在部队中建立共产党各级组织，将党的支部建在连上；三是成立各级士兵委员会，部队内部实行民主管理。

29. 答：一个是劳动者的联盟，主要是工人、农民和城市小资产阶级的联盟，这是基本的、主要的；一个是劳动者与非劳动者的联盟，主要是劳动者与民族资产阶级的联盟，有时还包括与一部分大资产阶级的暂时联盟，这是辅助的，同时又是重要的。

30. 答：它是以毛泽东为代表的中国共产党人开始探索中国自己的社会主义建设道路的标志；从经济和政治等方面提出了新的指导方针，为中共八大的召开做了理论准备。

三、论述题（本大题共3小题，考生任选其中2题作答，每小题10分，共20分。如果考生回答的题目超过2题，只按考生回答题目的前2题计分）

31. 答：第一，它标志着中国革命终于有了一个坚强的领导核心，有了可信赖的组织者和领导者，使中国工人阶级有了自己的司令部。第二，中国革命从此有了一个科学的指导思想。中国共产党以马克思列宁主义基本原理观察和分析中国的问题，为中国人民指明了斗争目标、革命前途和胜利之路。第三，沟通了中国革命与世界革命的联系，把中华民族的解放运动同世界无产阶级社会主义革命运动相联结，使中国革命有了新的前途。自从有了中国共产党，中国革命的面目就焕然一新了。

32. 答：第一，中国人民抗日战争是世界反法西斯战争的东方主战场。中国抗战开始最早，持续时间最长，牵制和抗击了日军主要兵力，对日本侵略者的彻底覆灭起到了决定性作用。第二，中国人民的持久抗战，遏制了日本的“北进”计划，迟滞了日本的“南进”步伐，大大减轻了其他战场的压力，为盟军完成战略转折和实施战略反攻创造了有利条件。第三，中国作为亚洲太平洋地区盟军对日作战的重要后方基地，为盟国提供了大量战略物资和军事情报。中国军队出国作战，不仅打击了日军，还对盟军给予了实际支援。中国为战胜法西斯、维护世界和平付出了巨大牺牲，做出了伟大贡献。

33. 答：第一，社会主义改造的基本完成，使社会主义基本经济制度在中国全面地建立起来，是中国进入社会主义社会的最主要标志。第二，社会主义改造是在生产关系方面由私有制到公有制的一场伟大变革，对生产力的发展直接起到促进作用。通过社会主义改造，中国共产党领导全国各族人民创造性地完成了由新民主主义到社会主义的过渡，实现了中国历史上最伟大最深刻的社会变革。

2016年4月全国高等教育自学考试
中国近现代史纲要试卷

（课程代码 03708）

第一部分 选择题（50分）

一、单项选择题（本大题共25小题，每小题2分，共50分。在每小题列出的四个备选项中只有一个是符合题目要求的，请将其代码填写在题后的括号内。错选、多选或未选均无分）

1. 在中国近代史上，人民群众第一次大规模的反侵略武装斗争是（　　）。

A. 三元里人民的抗英斗争　　B. 太平天国抗击洋枪队的斗争

C. 台湾人民的抗日斗争　　D. 义和团抗击八国联军的斗争

2. 19世纪60年代，洋务派最早从事的洋务事业是（　　）。

A. 兴办民用工业　　B. 兴办军用工业

C. 派遣留学生　　D. 创立新式学堂

3. 1898年，严复翻译出版的《天演论》所宣传的思想是（　　）。

A. 师夷长技以制夷　　B. 中学为体、西学为用

C. 振兴中华　　D. 物竞天择、适者生存

4. 戊戌维新时期，谭嗣同撰写的宣传变法主张的著作是（　　）。

A.《新学伪经考》　　B.《变法通义》

C.《仁学》　　D.《日本变政考》

5. 1911年夏，湖北、湖南、广东和四川爆发的民众运动是（　　）。

A. 拒俄运动　　B. 拒法运动

C. 立宪运动　　D. 保路运动

6. 在俄国十月革命的影响下，率先在中国举起马克思主义旗帜的是（　　）。

A. 陈独秀　　B. 李大钊

C. 李达　　D. 毛泽东

7. 第一次国共合作的政治基础是（　　）。

A. 三民主义　　B. 新三民主义

C. 新民主主义　　D. 社会主义

8. 1928 年 12 月，在东北宣布“服从国民政府，改易旗帜”的是（　　）。

A. 张学良　　B. 张作霖

C. 冯国璋　　D. 冯玉祥

9. 中国共产党独立领导革命战争、创建人民军队的开端是（　　）。

A. 南昌起义　　B. 秋收起义

C. 广州起义　　D. 百色起义

10. 1931 年，日本帝国主义制造的侵略中国东北的事变是（　　）。

A.“九一八”事变　　B.“一·二八”事变

C.“七七”事变　　D.“八一三”事变

11. 1935 年 12 月，中国共产党确定抗日民族统一战线政策的会议是（　　）。

A. 遵义会议　　B. 瓦窑堡会议

C. 洛川会议　　D. 晋绥干部会议

12. 1938 年 3 月，国民党军队在抗日战争正面战场上取得胜利的战役是（　　）。

A. 台儿庄战役　　B. 桂南战役

C. 枣宜战役　　D. 中条山战役

13. 1938 年 5 月，毛泽东发表的系统阐述抗日战争特点、前途和发展规律的著作是（　　）。

A.《论反对日本帝国主义的策略》　B.《论持久战》

C.《论政策》　　D.《论联合政府》

14. 在抗日战争中为国捐躯的八路军副参谋长是（　　）。

A. 彭雪枫　　B. 赵尚志

C. 杨靖宇　　D. 左权

15. 1945 年 8 月，发表《对日寇的最后一战》声明的是（　　）。

A. 朱德　　B. 周恩来

C. 彭德怀　　D. 毛泽东

16. 1946 年 6 月，国民党军队挑起全面内战的起点是（　　）。

A. 重点进攻陕甘宁边区　　B. 重点进攻山东解放区

C. 大举围攻中原解放区　　D. 大举围攻东北解放区

17. 我国西藏实现和平解放的时间是（　　）。

A. 1949 年 10 月　　B. 1950 年 10 月

C. 1951 年 10 月　　D. 1952 年 10 月

18. 1951 年年底到 1952 年春，中国共产党在党政机关工作人员中开展的运动是（　　）。

A. 肃反运动　　B. 整风、整党运动

C. “三反”运动　　D. “五反”运动

19. 中国共产党在过渡时期总路线的主体是逐步实现（　　）。

A. 国家的社会主义工业化

B. 对个体农业的社会主义改造

C. 对个体手工业的社会主义改造

D. 对资本主义工商业的社会主义改造

20. 新中国开始实施发展国民经济第一个五年计划的时间是（　　）。

A. 1950 年　　B. 1951 年

C. 1952 年　　D. 1953 年

21. 我国农业社会主义改造中，具有完全社会主义性质的经济组织形式是（　　）。

A. 变工队　　B. 互助组

C. 初级农业生产合作社　　D. 高级农业生产合作社

22. 我国对资本主义工商业进行社会主义改造的基本政策是（　　）。

A. 无偿没收　　B. 有偿征用

C. 和平赎买　　D. 限制发展

23. 毛泽东《论十大关系》报告所围绕的基本方针是（　　）。

A. 独立自主，艰苦创业

B. 调动一切积极因素，为社会主义事业服务

C. 走中国特色社会主义道路

D. 自力更生为主，争取外援为辅

24. 1990 年，邓小平提出的关于中国农业改革与发展的思想是（　　）。

A. “三个主体，三个补充”　　B. “三步走”

C. “两个飞跃”　　D. “两个大局”

25. 2001 年，中国对外开放进入一个新阶段的标志是（　　）。

A. 开放十四个沿海港口城市　　B. 设立海南经济特区

C. 开发和开放上海浦东新区　　D. 加入世界贸易组织

第二部分　非选择题（50 分）

二、简答题（本大题共 5 小题，每小题 6 分，共 30 分。）

26. 简述近代中国社会的主要矛盾和近代以来中华民族面临的历史任务。

27. 简述太平天国定都天京后，先后颁布的两个重要纲领及其特点。

28. 简述五四运动的历史特点和历史意义。

29. 简述遵义会议集中解决的主要问题及其意义。

30. 简述 1979 年 3 月，邓小平提出的四项基本原则及坚持这些原则的重要性。

三、论述题（本大题共 3 小题，考生任选其中 2 题作答，每小题 10 分，共 20 分。如果考生回答的题目超过 2 题，只按考生回答题目的前 2 题计分）

31. 试述孙中山三民主义学说的主要内容及其意义。

32. 试述中国新民主主义革命取得胜利的主要原因。

33. 试述毛泽东等老一辈革命家探索中国社会主义民主政治建设道路的理论贡献。

2016年4月全国高等教育自学考试
中国近现代史纲要试卷
参考答案

（课程代码　03708）

一、单项选择题（本大题共25小是，每小题2分，共50分。）

1. A	2. B	3. D	4. C	5. D	6. B	7. B	8. A	9. A
10. A	11. B	12. A	13. B	14. D	15. D	16. C	17. C	18. C
19. A	20. D	21. D	22. C	23. B	24. C	25. D		

二、简答题（本大题共5小题，每小题6分，共30分。）

26. 答：主要矛盾：帝国主义与中华民族的矛盾、封建主义与人民大众的矛盾，而帝国主义与中华民族的矛盾是最主要的矛盾。两大历史任务：一是求得民族独立和人民解放；二是实现国家繁荣富强和人民共同富裕。

27. 答：1853年冬颁布《天朝田亩制度》，这是一个以解决农民土地问题为中心的比较完整的社会改革方案，最能体现太平天国社会理想。太平天国后期提出《资政新篇》，这是一个带有鲜明资本主义色彩的改革与建设方案。

28. 答：它是中国近代史上一次彻底的反帝反封建的革命运动，也是一场真正的群众性的革命运动。它促进了马克思主义在中国的广泛传播及其与中国工人运动的结合，是中国新民主主义革命的开端。

29. 答：遵义会议集中解决了当时具有决定意义的军事和组织问题。遵义会议挽救了中国共产党、中国工农红军和中国革命；开始确立以毛泽东为代表的新的中央的领导，成为中国共产党历史上一个生死攸关的转折点，标志着中国共产党在政治上走向成熟。

30. 答：四项基本原则是指：坚持社会主义道路，坚持人民民主专政，坚持共产党的领导，坚持马克思列宁主义、毛泽东思想。坚持这些原则的重要性：这是实现四个现代化的根本前提。如果动摇了其中的任何一项，那就动摇了整个社会义现代化建设事业。

三、论述题（本大题共3小题，考生任选其中2题作答，每小题10分，共20分。如果考生回答的题目超过2题，只按考生回答题目的前2题计分）

31. 答：主要内容：民族主义，包括“驱除鞑虏，恢复中华”。一是以革命手段推翻清王朝，二是变“次殖民地”的中国为独立的中国。民权主义即“创立民国”，指推翻封建君主专制制度，建立资产阶级民主共和国。民生主义即“平均地权”。基本方案是：核定地价，按价征税，涨价归公，按价收买。其意义：这是一个比较完备的民主主义的革命纲领，推动了革命思想的传播和革命运动的发展。

32. 答：一是有了中国工人阶级的先锋队——中国共产党的领导。它以马克思列宁主义基本原理与中国实际相结合的毛泽东思想作为一切工作的指针，制定出符合中国国情和人民利益的纲领、路线、方针和政策；它最有远见，最富于牺牲精神，最坚定，从而赢得了中国人民的衷心拥护。二是人民群众和各界民族资产阶级也逐步向共产党靠拢。三是国际无产阶级和人民群众的支持。

33. 答：第一，要创造一个又有集中又有民主，又有纪律又有自由，又有统一意志又有个人心情舒畅，生动活泼的政治局面；第二，把正确处理人民内部矛盾作为国家政治生活的主题，坚持人民民主，团结一切可以团结的力量；第三，处理好中国共产党同各民主党派的关系，坚持长期共存、互相监督的方针，巩固和扩大爱国统一战线；第四，切实保障人民当家作主的各项权利，尤其是人民参与国家和社会事务管理的权利；第五，社会法制要保护劳动人民利益，保护社会主义经济基础，保护社会生产力。

2016年10月全国高等教育自学考试 中国近代史纲要试卷

（课程代码　03708）

第一部分　选择题（50分）

一、单项选择题（本大题共25小题，每小题2分，共50分。在每小题列出的四个备选项中只有一个符合题目要求的，请将其代码填写在题后的括号内。错选、多选或未选均无分）

1. 旧民主主义革命时期，中国反侵略斗争失败的最根本原因是（　　）。

A. 社会制度腐败　　B. 经济技术落后

C. 思想文化保守　　D. 军事装备落后

2. 1853年，太平天国颁布的纲领性文件是（　　）。

A.《原道觉世训》　　B.《十款天条》

C.《天朝田亩制度》　　D.《资政新篇》

3. 19世纪90年代，梁启超宣传变法维新主张的著作是（　　）。

A.《新学伪经考》　　B.《仁学》

C.《人类公理》　　D.《变法通义》

4. 在中国近代史上，资产阶级思想与封建主义思想的第一次正面交锋是（　　）。

A. 洋务派和顽固派的论战　　B. 洋务派和维新派的论战

C. 维新派和守旧派的论战　　D. 革命派和改良派的论战

5. 1894 年，孙中山在檀香山建立的中国第一个资产阶级革命组织是（　　）。

A. 兴中会　　B. 华兴会

C. 光复会　　D. 岳王会

6. 1905 年至 1907 年，资产阶级革命派与改良派论战的焦点是（　　）。

A. 要不要打倒列强　　B. 要不要以革命手段推翻清政府

C. 要不要实行共和　　D. 要不要废科举，兴学堂

7. 1911 年 4 月，资产阶级革命派在黄兴带领下举行的起义是（　　）。

A. 惠州起义　　B. 河口起义

C. 广州起义　　D. 武昌起义

8. 中国历史上第一部具有资产阶级共和国宪法性质的法典是（　　）。

A.《中华民国宪法》　　B.《钦定宪法大纲》

C.《中华民国约法》　　D.《中华民国临时约法》

9. 为反对袁世凯刺杀宋教仁和“善后大借款”，孙中山在 1913 年领导革命党人发动了（　　）。

A. 二次革命　　B. 护国战争

C. 护法战争　　D. 北伐战争

10. 1918 年 5 月，鲁迅发表的第一篇白话文小说是（　　）。

A.《阿 Q 正传》　　B.《狂人日记》

C.《药》　　D.《祝福》

11. 1920 年 11 月，中国共产党早期领导建立的第一个产业工会是（　　）。

A. 上海机器工会　　B. 上海印刷工会

C. 上海纺织工会　　D. 中华全国总工会

12. 1930 年 1 月，毛泽东提出了以乡村为中心思想的重要著作是（　　）。

A.《井冈山的斗争》　　B.《星星之火，可以燎原》

C.《反对资本主义》　　D.《中国革命和中国共产党》

13. 1933 年 5 月，国民党西北军将领冯玉祥领导成立的抗日武装力量是（　　）。

A. 东北抗日义勇军　　B. 察哈尔抗日同盟军

C. 东北抗日联军　　　　　　D. 冀中回民支队

14. 1938 年 3 月，国民党军队在抗日战争正面战场取得胜利的战役是（　　）。

A. 平型关战役　　　　　　B. 桂南战役

C. 台儿庄战役　　　　　　D. 枣宜战役

15. 1937 年 8 月，中国共产党制定《抗日救国十大纲领》的重要会议是（　　）。

A. 瓦窑堡会议　　　　　　B. 洛川会议

C. 中共六届六中全会　　　　D. 中共六届七中全会

16. 1947 年，台湾人民举行的反对国民党反动统治的大规模斗争是（　　）。

A. 黑旗军起义　　　　　　B. 一二・一运动

C. 二二八起义　　　　　　D. 一二・三〇运动

17. 中国共产党在过渡时期总路线的主体是实现（　　）。

A. 国家的社会主义工业化

B. 国家对农业的社会主义改造

C. 国家对手工业的社会主义改造

D. 国家对资本主义工商业的社会主义改造

18. 在我国农业合作化过程中，具有半社会主义性质的经济组织形（　　）。

A. 变工队　　　　　　B. 互助组

C. 初级农业生产合作社　　　　D. 高级农业生产合作社

19. 1956 年召开的中共八大指出，党和全国人民当前的主要任务是（　　）。

A. 争取国家财政经济状况的根本好转

B. 正确处理人民内部矛盾

C. 把我国从落后的农业国变为先进的工业国

D. 实现社会主义现代化

20. 1962 年年初，中共中央为统一思想、总结经验教训和明确工作方向而召开的会议是（　　）。

A. 南宁会议　　　　　　B. 武昌会议

C. 庐山会议　　　　　　D. “七千人会议”

21. 邓小平在 1979 年 3 月的中央理论工作务虚会上明确提出，必须坚持（　　）。

A. “一个中国”的原则　　B. “两手抓、两手都要硬”的方针

C. 四项基本原则　　D. “三个有利于”的标准

22. 1988 年，中共中央和国务院决定建立的经济特区是（　　）。

A. 珠海经济特区　　B. 汕头经济特区

C. 厦门经济特区　　D. 海南经济特区

23. 1999 年 12 月 20 日，中国在推进祖国统一大业方面迈出的重要一步是（　　）。

A. 海峡两岸达成“九二共识”　　B. 海峡两岸举行“汪辜会议”

C. 恢复对香港行使主权　　D. 恢复对澳门行使主权

24. 2004 年，中共十六届四中全会提出的战略任务是（　　）。

A. 建立社会主义市场经济体制　　B. 构建社会主义和谐社会

C. 建设社会主义新农村　　D. 全面建设小康社会

25. 2005 年，第十届全国人民代表大会第三次会议通过的法律是（　　）。

A.《香港特别行政区基本法》　　B.《国家安全法》

C.《澳门特别行政区基本法》　　D.《反分裂国家法》

第二部分　非选择题（50 分）

二、简答题（本大题共 5 小题，每小题 6 分，共 30 分）

26. 简述洋务派的指导思想和洋务派举办的洋务事业。

27. 简述 1926 年至 1927 年，北伐战争直接打击的目标和战略方针。

28. 简述中国人民抗日战争胜利的主要原因。

29. 简述新中国建立初期中国共产党面临的主要问题和考验。

30. 简述毛泽东提出的社会主义现代化建设的战略目标和步骤。

三、论述题（本大题共3小题，考生任选其中2题作答，每小题10分，共20分。如果考生回答的题目超过2题，只按考生回答题目的前2题计分）

31. 近代中国社会的主要矛盾及其相互关系。

32. 中国工农红军长征胜利的历史意义。

33. 中国新民主主义革命胜利的基本经验。

2016年10月全国高等教育自学考试
中国近现代史纲要试卷
参考答案

（课程代码　03708）

一、单项选择题（本大题共25小题，每小题2分，共50分）

1. A	2. C	3. D	4. C	5. A	6. B	7. C	8. D	9. A
10. B	11. A	12. B	13. B	14. C	15. B	16. C	17. A	18. C
19. C	20. D	21. C	22. D	23. D	24. B	25. D		

二、简答题（本大题共5小题，每小题6分，共30分）

26. 答：（1）冯桂芬对洋务派兴办洋务事业的指导思想最先做出比较完整的表述。他说，以中国之伦常名教为原本，辅以诸国富强之术。这个思想后来被概括为“中学为体，西学为用”。

（2）洋务派兴办的洋务事业包括：一是兴办近代企业，最早兴办的是军用工业，江南制造总局是洋务派兴办的第一个规模较大的近代军事工业的兵工厂。二是建立新式海陆军。到19世纪90年代，分别建成福建水师、广东水师、南洋水师、北洋水师。其中，北洋水师是清政府海军的主力，由李鸿章管辖。三是创办新式学堂，派遣留学生。

27. 答：（1）北伐战争直接打击的目标是打倒帝国主义支持的北洋军阀吴佩孚、孙传芳、张作霖。

（2）战略方针是集中兵力，各个歼灭。首先以主力进军两湖，消灭吴佩孚；然后引兵向东，消灭孙传芳；最后北上解决张作霖。

28. 答：（1）以爱国主义为核心的伟大民族精神是中国人民抗日战争胜利的决定因素。

（2）中国共产党的中流砥柱作用是中国人民抗日战争胜利的关键。

（3）全民族抗战是中国人民抗日战争胜利的法宝。

（4）世界所有爱好和平和正义的国家和人民、国际组织以及各种反法西斯力量的同情和支持。

29. 答：（1）能否保卫住人民胜利的成果，巩固新生的人民政权；能否战胜严重的经济困难，迅速恢复和发展国民经济。

（2）能否巩固民族独立，维护国家主权和安全；能否经受住执政的考验，继续保持谦虚、谨慎、不骄、不躁的作风和艰苦奋斗的作风。

30. 答：社会主义现代化建设的战略目标，是要把中国建设成为一个具有现代农业、现代工业、现代国防、现代科学技术的强国。社会主义现代化建设的发展战略是：第一步，建成一个独立的比较完整的工业体系和国民经济体系；第二步，全面实现农业、工业、国防和科技现代化，使中国的经济走在世界前列。

三、论述题（本大题共3小题，考生任选其中2题作答，每小题10分，共20分。如果考生回答的题目超过2题，只按考生回答题目的前2题计分）

31. （1）近代中国半殖民地半封建社会的主要矛盾是帝国主义与中华民族的矛盾、封建主义与人民大众的矛盾。其中，帝国主义与中华民族的矛盾是各种矛盾中最主要的矛盾。这两对主要矛盾相互交织在一起，贯穿了整个半殖民地半封建社会的始终，并对中国社会的发展变化起着决定性作用。（2）两对主要矛盾之间的相互关系是：当外国列强向中国封建政权发动侵略战争时，阶级矛盾降到次要矛盾，民族矛盾上升到主要地位。当外国列强同中国封建政权互相勾结，共同镇压中国革命，尤其是封建地主阶级对人民的压迫特别残酷时，阶级矛盾上升为主要矛盾。

32. 答：（1）红军长征粉碎了国民党围剿红军、消灭革命力量的企图，是中国革命转危为安的关键。

（2）通过长征，中国共产党把中国革命的大本营放在了西北，这为中国人民迎接抗日救亡的新高潮准备了条件。

（3）长征保存并锤炼了中国革命的骨干力量，他们是党和红军极为宝贵的精华。

（4）长征播撒了革命的火种。它向沿途的人民群众宣布，只有在中国共产党的领导下，中国各族人民才能翻身得解放。

（5）长征铸就了伟大的长征精神，这种精神是永远激励中华民族勇往直前的珍贵的精神财富。

33. 答：（1）建立广泛的统一战线，这是坚持和发展革命的政治基础。统一战线中存在着两个联盟，一个是劳动者的联盟，一个是劳动者与非劳动者的联盟。必须坚决依靠第一个联盟，争取建立和扩大第二个联盟。

（2）坚持革命的武装斗争。中国革命只能以长期的武装斗争作为主要形式；中国革命必须走农村包围城市，武装夺取政权的道路；必须建立一支党绝对领导的新型人民军队。

（3）加强共产党自身的建设。着重从思想上建党；培育和发扬理论与实际相结合、密切联系群众和自我批评的作风；成为掌握统一战线和武装斗争这两个武器，以实行对敌冲锋陷阵的英勇战士，成为全国各族人民拥戴的领导核心。

2017年4月全国高等教育自学考试
中国近现代史纲要试卷

（课程代码　03708）

第一部分　选择题（50分）

一、单项选择题（本大题共25个小题，每小题2分，共50分。在每小题列出的四个备选项中只有一个是符合题目要求的，请将其代码填写在题后的括号内。错选、多选或未选均无分）

1. 1840年鸦片战争前，中国社会的性质是（　　）。

A. 奴隶社会　　B. 封建社会

C. 半殖民地半封建社会　　D. 资本主义社会

2. 鸦片战争后，提出“师夷长技以制夷”思想的是（　　）。

A. 龚自珍　　B. 林则徐

C. 魏源　　D. 王韬

3. 洋务运动时期最早创办的翻译学堂是（　　）。

A. 同文馆　　B. 广方言馆

C. 译书局　　D. 译书馆

4. 1911年，在保路运动中规模最大、斗争最激烈的省份是（　　）。

A. 湖北　　B. 湖南

C. 广东　　D. 四川

5. 中国历史上第一部具有资产阶级共和国宪法性质的法典是（　　）。

A.《中华民国临时约法》　　B.《钦定宪法大纲》

C.《中华民国约法》　　D.《中华民国宪法》

6. 中国共产党第一次明确提出反帝反封建民主革命纲领的会议是（　　）。

A. 中共一大　　B. 中共二大

C. 中共三大　　D. 中共四大

7. 1927 年国民党南京政权建立后，官僚资本的垄断活动首先和主要是从（　　）。

A. 金融业方面开始　　B. 商业方面开始

C. 轻工业方面开始　　D. 重工业方面开始

8. 1935 年 1 月，中国共产党召开的具有历史转折意义的会议是（　　）。

A. 八七会议　　B. 古田会议

C. 遵义会议　　D. 洛川会议

9. 1933 年 11 月，国民党爱国将领蔡廷锴和蒋光鼐发动的抗日反蒋事件是（　　）。

A. 宁都起义　　B. 福建事变

C. 西安事变　　D. 二二八起义

10. 1938 年 10 月广州、武汉失守后，中国抗日战争进入的阶段是（　　）。

A. 战略防御阶段　　B. 战略相持阶段

C. 战略反攻阶段　　D. 战略决战阶段

11. 1940 年，八路军对华北日军发动大规模进攻的战役是（　　）。

A. 平型关战役　　B. 雁门关战役

C. 阳明堡战役　　D. 百团大战

12. 1945 年 8 月，中共中央在《对目前时局的宣言》中明确提出的口号是（　　）。

A. 和平、民主、团结　　B. 向北发展，向南防御

C. 打倒蒋介石，解放全中国　　D. 打过长江去，解放全中国

13. 1951 年年底至 1952 年春，中国共产党在党政机关工作人员中开展的运动是（　　）。

A. 肃反运动　　B. 整风、整党运动

C. “三反”运动　　D. “五反”运动

14. 新中国成立初期，社会主义国营经济建立的主要途径是（　　）。

A. 合并公营资本　　B. 征用外国资本

C. 赎买民族资本　　D. 没收官僚资本

15. 我国对资本主义工商业进行社会主义改造的基本政策是（　　）。

A. 无偿没收　　B. 有偿征用

C. 和平赎买　　D. “四马分肥”

16. 毛泽东在《论十大关系》中提出的中国社会主义建设的基本方针是（　　）。

A. 不要四面出击

B. 调整、巩固、充实、提高

C. 调动一切积极因素为社会主义事业服务

D. 积极引导、稳步前进

17. 在中共八大上，陈云提出的重要思想是（　　）。

A. 双重监督　　B. “三个主体，三个补充”

C. 健全法制　　D. “两条腿”走路

18. 新中国第一次提出实现“四个现代化”奋斗目标的会议是（　　）。

A. 第一届全国人民代表大会　　B. 第二届全国人民代表大会

C. 第三届全国人民代表大会　　D. 第四届全国人民代表大会

19. 新中国第一颗人造地球卫星发射成功的时间是（　　）。

A. 1964 年 10 月　　B. 1966 年 10 月

C. 1967 年 10 月　　D. 1970 年 4 月

20. 1971 年 10 月，新中国在外交上取得的重大成果是（　　）。

A. 恢复了在世界卫生组织的合法席位

B. 恢复了在联合国的合法席位

C. 实现了中日关系正常化

D. 实现了中法关系正常化

21. 1984 年，中共十二届三中全会通过的重要文件是（　　）。

A.《关于加快农业发展若干问题的决定》

B.《关于经济体制改革的决定》

C.《关于科技体制改革的决定》

D.《关于教育体制改革的决定》

22. 1988 年，中共中央和国务院决定建立的经济特区是（　　）。

A. 海南经济特区　　B. 珠海经济特区

C. 厦门经济特区　　D. 深圳经济特区

23. 1999 年 12 月，中国在推进国家统一大业方面迈出的重要一步是（　　）。

A. 海峡两岸达成“九二共识”　　B. 海峡两岸举行“汪辜会谈”

C. 恢复对香港行使主权　　D. 恢复对澳门行使主权

24. 2004 年 9 月，中共十六届四中全会提出的战略任务是（　　）。

A. 构建社会主义和谐社会　　B. 全面建设小康社会

C. 建设社会主义新农村　　D. 建立社会主义市场经济体制

25. 2005 年 3 月，第十届全国人民代表大会第三次会议通过的法律是（　　）。

A.《香港特别行政区基本法》　　B.《国家安全法》

C.《澳门特别行政区基本法》　　D.《反分裂国家法》

第二部分　非选择题（50 分）

二、简答题（本大题共 5 小题，每小题 6 分，共 30 分）

26. 简述近代中国社会的主要矛盾及其影响。

27. 简述资产阶级革命派与改良派论战的焦点及革命派在这一问题上的主张。

28. 简述毛泽东领导的湘赣边界秋收起义的特点。

29. 简述中国共产党在全民族抗战中的中流砥柱作用。

30. 简述中国共产党在过渡时期总路线的内容及其特点。

三、论述题（本大题共3小题，考生任选其中2题作答，每小题10分，共20分。考生回答的题目超过2题，只按考生回答题目的前2题计分）

31. 试述太平天国农民战争的历史意义。

32. 试述五四运动的历史特点及意义。

33. 试述全国解放战争时期，各民主党派与中国共产党团结合作的主要表现。

2017年4月全国高等教育自学考试 中国近现代史纲要试卷 参考答案

（课程代码 03708）

一、单项选择题（本大题共25小题，每小题2分，共50分）

1. B	2. C	3. A	4. D	5. A	6. B	7. A	8. C	9. B
10. B	11. D	12. A	13. C	14. D	15. C	16. C	17. B	18. C
19. D	20. B	21. B	22. A	23. D	24. A	25. D		

二、简答题（本大题共5小题，每小题6分，共30分）

26. 答：（1）矛盾：在半殖民地半封建的中国，帝国主义与中华民族的矛盾、封建主义与人民大众的矛盾是两对主要矛盾，而帝国主义与中华民族的矛盾，是各种矛盾中最主要的矛盾。这两对主要矛盾相互交织在一起，贯穿了整个半殖民地半封建社会的始终，并对中国社会的发展变化起着决定性作用。

（2）影响：近代中国的民族民主革命，就是在这些主要矛盾及其激化的基础上发生和发展起来的。中国人民近百年不屈不挠的英勇斗争，就是为了解决中国社会的主要矛盾，推动中国社会前进。从此中国进入旧民主主义革命时期，中国人民肩负着反帝反封建的双重任务。

27. 答：（1）要不要以革命手段推翻清政府，这是论战的焦点。

（2）革命派控诉清政府卖国媚外的罪行，强调救国必先推翻清王朝；认为革命不免流血，但可“救世救人”，是治疗社会的捷径；革命就是为了建设，破坏与建设是革命的两个方面。

（3）革命派还反驳了改良派提出的革命会招致天下大乱和帝国主义干涉之谬论。

28. 答：（1）放弃了“左派国民党”运动旗号，公开打出“工农革命军”旗帜。

（2）它不仅是军队行动，而且有数量众多的工农武装参加。

29. 答：中国共产党的中流砥柱作用是中国人民抗日战争胜利的关键。中国共产党自成立之日起就把实现中华民族伟大复兴作为自己的历史使命。在抗日战争中，中国共产党坚持全面抗战路线，制定正确战略策略，开辟广大敌后战场，成为坚持抗战的中坚力量；中国共产党人以自己的政治主张、坚定意志、模范行动，支撑起全民族救亡图存的希望，引领着夺取战争胜利的正确方向，成为夺取战争胜利的民族先锋。

30. 答：（1）中共中央在 1953 年正式提出党在过渡时期的总路线，明确规定：“党在这个过渡时期的总路线和总任务，是要在一个相当长的时期内，逐步实现国家的社会主义工业化，并逐步实现国家对农业、对手工业和对资本主义工商业的社会主义改造。”

（2）其特点是这是一条“一化三改”“一体两翼”的总路线，即社会主义建设同社会主义改造同时并举的总路线，一化反映了生产力方面的要求，三改则反映出对生产关系的改造，体现了发展生产力和变革生产关系的有机统一。

三、论述题（本大题共 3 小题，考生任选其中 2 题作答，每小题 10 分，共 20 分。考生回答的题目超过 2 题，只按考生回答题目的前 2 题计分）

31. 答：第一，它沉重打击了封建统治阶级，强烈撼动了清政府的统治根基。太平天国起义坚持了 14 年之久，革命势力扩展到 18 个省，规模大，时间长，影响深，加速了清王朝的衰败过程。

第二，它是中国旧式农民战争的最高峰，具有不同于以往农民战争的新的历史特点。太平天国建立了自己的政权，提出《天朝田亩制度》，比较完整地表达农民对土地的渴望。《资政新篇》是中国近代史上第一个具有资本主义色彩的方案，反映出太平天国新的历史特点。

第三，太平天国对孔子和儒家经典予以严厉批判，在一定程度上削弱了封建统治的精神支柱。

第四，太平天国起义还有力地打击了外国侵略势力。太平天国将领们拒绝不平等条约，严禁鸦片贸易，与外国军队进行了英勇斗争。

第五，太平天国起义鼓舞和推动了当时的亚洲民族解放运动，冲击了西方殖民主义在亚洲的统治。

32. 答：（1）五四运动是中国近代史上一次彻底的反帝反封建的革命运动，把中国人民反帝反封建的斗争提升到一个新的水平线上。

（2）五四运动广泛地动员和组织了群众，是一场真正的群众性的革命运动。青年学生起到了先锋作用，工人阶级第一次作为独立的政治力量登上政治舞台，运动后期发挥了主力军作用。

（3）五四运动促进了马克思主义在中国的广泛传播，促进了马克思主义同中国工人运动的结合，为中国共产党成立做好了思想和干部上的准备。

（4）五四运动是中国新民主主义革命的开端。五四运动后，无产阶级代替资产阶级成为中国革命领导者。

33. 答：（1）在重庆谈判和政协会议期间，各民主党派作为“第三方面”，同共产党一起反对国民党反动派的内战、独裁政策，为和平民主而共同努力。

（2）在国民党当局撕毁政协协议、发动全面内战时，民主党派中的大多数党派同共产党保持一致；拒绝参加国民党一手包办的“国民大会”、反对国民党炮制的“宪法”。

（3）民主党派的许多成员积极参加和支持中国共产党领导的爱国民主运动，有的为此流血牺牲，如民盟中央委员李公朴、闻一多，民盟中央常委兼西北总支部主任委员杜斌丞。

（4）在人民战争节节胜利的形势下，各民主党派公开宣言，同共产党一道，为推翻国民党的反动统治和建立新中国而共同奋斗。

2017 年 10 月全国高等教育自学考试
中国近现代史纲要试卷

（课程代码　03708）

第一部分　选择题（50 分）

一、单项选择题（本大题共 25 个小题，每小题 2 分，共 50 分。在每小题列出的四个备选项中只有一个是符合题目要求的，请将其代码填写在题后的括号内。错选、多选或未选均无分）

1. 中国半殖民地半封建社会最主要的矛盾是（　　）。

A. 地主阶级与农民阶级的矛盾　　B. 资产阶级与工人阶级的矛盾

C. 帝国主义与中华民族的矛盾　　D. 封建主义与人民大众的矛盾

2. 洋务派最早从事的洋务事业是（　　）。

A. 兴办军用工业　　B. 兴办民用工业

C. 派遣留学生　　D. 创立新式学堂

3. 戊戌维新时期，维新派在上海创办的影响较大的报刊是（　　）。

A.《国闻报》　　B.《时务报》

C.《强学报》　　D.《万国公报》

4. 1904 年至 1905 年，为争夺侵略权益公然在中国东北进行战争的是（　　）。

A. 美国与俄国　　B. 美国与英国

C. 英国与日本　　D. 日本与俄国

5. 20 世纪初，在资产阶级民主革命思想传播中发表《驳康有为论革命书》的是（　　）。

A. 孙中山　　B. 邹容

C. 章炳麟　　D. 陈天华

6. 1922 年 1 月，中国共产党领导的第一次工人运动高潮的起点是（　　）。

A. 香港海员罢工　　B. 安源路矿工人罢工

C. 京汉铁路工人罢工　　D. 省港工人罢工

7. 1930 年 8 月，邓演达领导成立的中间党派是（　　）。

A. 中国青年党　　B. 中国国家社会党

C. 中国国民党临时行动委员会　　D. 中国国民党革命委员会

8. 第五次反“围剿”斗争失败后，1934 年 10 月开始战略转移的是（　　）。

A. 红十五军团　　B. 红一方面军

C. 红二方面军　　D. 红四方面军

9. 1935 年，日本帝国主义为扩大对华侵略而发动的事变是（　　）。

A. 九一八事变　　B. 一・二八事变

C. 华北事变　　D. 卢沟桥事变

10. 1937 年，在淞沪会战中率领“八百壮士”孤军据守四行仓库的爱国将领是（　　）。

A. 谢晋元　　B. 佟麟阁

C. 张自忠　　D. 戴安澜

11. 1940 年，八路军对侵华日军发动大规模进攻的战役是（　　）。

A. 平型关战役　　B. 雁门关战役

C. 阳明堡战役　　D. 百团大战

12. 1945 年 8 月至 10 月，国共双方举行的谈判是（　　）。

A. 西安谈判　　B. 重庆谈判

C. 南京谈判　　D. 北平谈判

13. 1946 年 6 月，国民党军队挑起全面内战的起点是（　　）。

A. 大举围攻中原解放区　　B. 大举围攻东北解放区

C. 重点进攻陕甘宁边区　　D. 重点进攻山东解放区

14. 台湾人民为反抗国民党当局暴政而举行“二二八”起义的时间是

(　　)。

A. 1945 年　　B. 1946 年

C. 1947 年　　D. 1948 年

15. 新中国发展国民经济第一个五年计划的中心环节是（　　）。

A. 优先发展轻工业　　B. 优先发展重工业

C. 重点发展农村经济　　D. 重点发展城市经济

16. 1956 年召开的中共八大指出，党和全国人民当前的主要任务是（　　）。

A. 争取国家财政经济状况的根本好转

B. 完成社会主义改造

C. 正确处理人民内部矛盾

D. 把我国从落后的农业国变为先进的工业国

17. 在中共八大上提出“三个主体，三个补充”思想的是（　　）。

A. 陈云　　B. 刘少奇

C. 邓小平　　D. 周恩来

18. 新中国第一次提出实现“四个现代化”奋斗目标的会议是（　　）。

A. 第一届全国人民代表大会　　B. 第二届全国人民代表大会

C. 第三届全国人民代表大会　　D. 第四届全国人民代表大会

19. 1967 年，老一辈革命家与中央文革小组错误做法进行的抗争被诬称为（　　）。

A.“一月风暴”　　B.“二月逆流”

C.“右倾翻案”　　D.“反攻倒算”

20. 1970 年，新中国在科学技术领域取得的重大成就是（　　）。

A. 第一颗原子弹试验成功

B. 第一颗氢弹试验成功

C. 第一颗中近程地地核导弹发射成功

D. 第一颗人造卫星发射成功

21. 邓小平在 1979 年 3 月的理论工作务虚会上明确提出，必须坚持（　　）。

A.“一个中国”的原则　　B.“两手抓、两手都要硬”的方针

C. “三个有利于”的标准　　D. 四项基本原则

22. 中国共产党第一次明确概括社会主义初级阶段基本路线的会议是（　　）。

A. 中共十二大　　B. 中共十三大

C. 中共十四大　　D. 中共十五大

23. 中国对香港恢复行使主权的时间是（　　）。

A. 1997 年 7 月 1 日　　B. 1997 年 12 月 20 日

C. 1999 年 7 月 1 日　　D. 1999 年 12 月 20 日

24. 2001 年，中国对外开放进入一个新阶段的标志是（　　）。

A. 开放十四个沿海港口城市　　B. 设立海南经济特区

C. 开发和开放上海浦东新区　　D. 加入世界贸易组织

25. 2004 年 9 月，中共十六届四中全会提出的战略任务是（　　）。

A. 建立社会主义市场经济体制　　B. 全面建设小康社会

C. 建设社会主义新农村　　D. 构建社会主义和谐社会

第二部分　非选择题（50 分）

二、简答题（本大题共 5 小题，每小题 6 分，共 30 分）

26. 《资政新篇》中关于政治和经济方面的主要内容。

27. 1912 年建立的中华民国临时政府的性质。

28. 井冈山革命根据地创建的历史意义。

29. 一二·九运动及其历史意义。

30.《中国人民政治协商会议共同纲领》规定的新中国的经济工作方针。

三、论述题（本大题共 3 小题，考生任选其中 2 题作答，每小题 10 分，共 20 分。考生回答的题目超过 2 题，只按考生回答题目的前 2 题计分）

31. 19 世纪末帝国主义列强瓜分中国的图谋未能实现的主要原因。

32. 俄国十月革命对中国革命的影响。

33. 新中国成立初期争取财政经济状况根本好转的三个条件及国民经济迅速恢复的主要原因。

2017年10月全国高等教育自学考试
中国近现代史纲要试卷
参考答案

（课程代码 03708）

一、单项选择题（本大题共25小题，每小题2分，共50分）

1. C	2. A	3. B	4. D	5. C	6. A	7. C	8. B	9. C
10. A	11. D	12. B	13. A	14. C	15. B	16. D	17. A	18. C
19. B	20. D	21. D	22. B	23. A	24. D	25. D		

二、简答题（本大题共5小题，每小题6分，共30分）

26. 答：（1）政治方面，主张“禁朋党之弊”，加强中央集权，制定法律、制度；设“暗柜”，用以监督官员，改革弊政。

（2）经济方面，发展近代工矿、交通、邮政、金融等事业；吸取外国科学技术，奖励科技发明和机器制造；提出“准富者请人雇工”，即提倡资本主义的雇佣劳动制。

27. 答：（1）南京临时政府是资产阶级共和国性质的革命政权。

（2）从人员构成上看，资产阶级革命派控制着这个政权。除孙中山作为临时大总统拥有统治全国和统率海、陆军之权外，陆军、外交等重要部门的总长和所有各部门次长全由革命党人担任。同盟会会员在作为国家立法机关的临时参议院中占多数。

（3）从政策措施上看，集中体现了民族资产阶级愿望和利益，并在一定程度上符合广大中国人民利益：

①扫除封建弊端，保护人权；②鼓励发展资本主义工商业，提倡兴办工厂、矿山、银行、垦殖事业；③禁止刑讯，保护华侨，禁止贩卖华工和买卖人口，废除奴婢，禁止种植和吸食鸦片；④改革文化教育制度，否定忠君尊孔教育，废止小学读经，禁用清政府学部颁行的教科书。

28. 答：（1）它点燃了“工农武装割据”星星之火，为我党领导其他各地起义树立了榜样；

（2）从实践上开辟了一条在敌我力量悬殊的情况下，共产党深入农村保存发展革命力量的正确道路；

（3）这条道路代表了1927年革命失败后中国革命发展的正确方向。

29. 答：（1）1935年12月9日，在中共北平临时工作委员会的领导下，北平学生抗日游行，喊出“反对华北自治运动”“打倒日本帝国主义”“停止内战，一致对外”等口号，游行队伍遭到国民党军警镇压。这就是一二·九运动。

（2）意义：一二·九运动打击了日本帝国主义侵略中国并吞并华北的计划，促进了中华民族的觉醒，标志着中国人民抗日救亡运动新高潮的到来。

30. 答：规定了新中国经济工作方针：“以公私兼顾、劳资两利、城乡互助、内外交流的政策，达到发展生产、繁荣经济之目的”。国家应调剂国营经济、个体经济、私人资本主义经济等，使各种社会经济成分在国营经济领导之下，分工合作，各得其所，以促进整个社会经济的发展。

三、论述题（本大题共3小题，考生任选其中2题作答，每小题10分，共20分。考生回答的题目超过2题，只按考生回答题目的前2题计分）

31. 答：（1）重要原因：帝国主义列强之间的矛盾和相互制约。瓜分中国，变中国为自己的殖民地是外国列强的共同图谋，但是他们彼此又有许多矛盾、冲突，甚至可能爆发战争。因此，列强经过协商，暂缓瓜分中国，保全清政府，以使其成为统治中国的工具，实行“以华制华”。

（2）最根本原因：中国人民不屈不挠，并不断进行反侵略斗争。在义和团反帝爱国运动期间，中国人民以其不畏强暴，敢于与敌人血战到底的气概，打击了侵略者，使其不敢为所欲为的瓜分中国。这一点连侵略者也不得不承认。

32. 答：十月革命推动中国先进分子从资产阶级民主主义转向社会主义。

第一，给予中国先进分子一个启示，即经济落后的国家也可以用社会主义思想指引自己走向解放之路。

第二，十月革命后，苏维埃俄国号召反对帝国主义，以新的平等姿态对待中国，推动了社会主义思想在中国的传播。

第三，十月革命中工人和士兵的广泛发动并由此赢得胜利的事实，昭示中国先进分子以新的方法开展革命。

33. 答：（1）1950 年 6 月，中国共产党召开七届三中全会，毛泽东做了《为争取国家财政经济状况的根本好转而斗争》的报告。毛泽东指出，要获得国家财政经济情况的根本好转，要用三年左右的时间，创造三个条件，即土地改革的完成，现有工商业的调整，国家机构所需经费的大量节减。

（2）到 1952 年年底，国民经济的全面恢复的原因：

第一，中共中央和人民政府紧抓恢复和发展生产作为一切工作的重心；

第二，从当时国情出发，对国家财经实行集中和统一的管理；

第三，刚刚执政的中国共产党加强自身建设，保持和发扬党的优良传统和作用，及时有力地抵制了资产阶级的腐蚀。

2018年4月全国高等教育自学考试
中国近现代史纲要试卷

（课程代码　03708）

第一部分　选择题（50分）

一、单项选择题（本大题共25个小题，每小题2分，共50分。在每小题列出的四个备选项中只有一个是符合题目要求的，请将其代码填写在题后的括号内。错选、多选或未选均无分）

1. 19世纪初，向中国大肆走私鸦片的主要国家是（　　）。

A. 美国　　B. 英国

C. 日本　　D. 俄国

2. 将中国领土台湾割让给日本的不平等条约是（　　）。

A.《南京条约》　　B.《北京条约》

C.《马关条约》　　D.《瑷珲条约》

3. 基督教在近代中国设立的最大出版机构广学会发行的报刊是（　　）。

A.《中国丛报》　　B.《北华捷报》

C.《字林西报》　　D.《万国公报》

4. 中国近代史上人民群众第一次大规模的反侵略武装斗争是（　　）。

A. 三元里人民的抗英斗争　　B. 太平天国抗击洋枪队的斗争

C. 台湾人民的抗日斗争　　D. 义和团抗击八国联军的斗争

5. 鸦片战争后，提出“师夷长技以制夷”思想的是（　　）。

A. 林则徐　　B. 王韬

C. 龚自珍　　D. 魏源

6. 1853 年，太平天国定都天京后颁布的纲领性文件是（　　）。

A.《原道觉世训》　　B.《十款天条》

C.《天朝田亩制度》　　D.《资政新篇》

7. 戊戌维新时期，维新派在上海创办的影响较大的报刊是（　　）。

A.《时务报》　　B.《国闻报》

C.《湘报》　　D.《新民丛报》

8. 为反对袁世凯的独裁和卖国行径，孙中山在 1913 年领导革命党人发动了（　　）。

A. 二次革命　　B. 护国战争

C. 护法战争　　D. 北伐战争

9. 1918 年 5 月，鲁迅发表的第一篇白话文小说是（　　）。

A.《阿 Q 正传》　　B.《狂人日记》

C.《药》　　D.《孔乙己》

10. 中国近代史上第一次彻底反帝反封建的革命运动是（　　）。

A. 辛亥革命　　B. 五四运动

C. 五卅运动　　D. 国民革命

11. 1921 年 9 月，中国共产党领导成立的第一个农民协会是在（　　）。

A. 湖南省湘潭县　　B. 广东省海丰县

C. 浙江省萧山县　　D. 福建省上杭县

12. 国民党在全国统治建立后，官僚资本的垄断活动首先和主要是（　　）。

A. 从农业方面开始的　　B. 从重工业方面开始的

C. 从商业方面开始的　　D. 从金融业方面开始的

13. 中国共产党独立领导革命战争和创建人民军队的开端是（　　）。

A. 南昌起义　　B. 秋收起义

C. 平江起义　　D. 百色起义

14. 1933 年 11 月，国民党爱国将领蔡廷锴和蒋光鼐等发动的抗日反蒋事件是（　　）。

A. 宁都起义　　B. 福建事变

C. 西安事变　　D. 二二八起义

15. 1946年6月，国民党军队挑起全面内战的起点是（　　）。

A. 大举围攻中原解放区　　B. 大举围攻东北解放区

C. 重点进攻陕甘宁边区　　D. 重点进攻山东解放区

16. 1948年9月，中国人民解放军发起战略决战的第一个战役是（　　）。

A. 辽沈战役　　B. 淮海战役

C. 平津战役　　D. 渡江战役

17. 1949年3月，中国共产党在河北省平山县西柏坡召开的重要会议是（　　）。

A. 中共六大　　B. 中共六届六中全会

C. 中共七大　　D. 中共七届二中全会

18. 新中国成立初期，社会主义国营经济建立的主要途径是（　　）。

A. 征用外国资本　　B. 赎买民族资本

C. 没收官僚资本　　D. 合并公营资本

19. 在探索中国社会主义建设道路过程中，提出社会主义社会基本矛盾学说的是（　　）。

A. 刘少奇　　B. 毛泽东

C. 陈云　　D. 周恩来

20. 新中国第一次正式提出实现“四个现代化”奋斗目标的会议是（　　）。

A. 第一届全国人民代表大会　　B. 第二届全国人民代表大会

C. 第三届全国人民代表大会　　D. 第四届全国人民代表大会

21. 邓小平在1979年3月的中央理论工作务虚会上明确提出，必须坚持（　　）。

A.“一个中国”的原则　　B.“两手抓、两手都要硬”的方针

C. 四项基本原则　　D.“三个有利于”的标准

22. 1988年，中共中央和国务院决定建立的经济特区是（　　）。

A. 海南经济特区　　B. 汕头经济特区

C. 厦门经济特区　　D. 珠海经济特区

23. 中国共产党明确提出我国建立社会主义市场经济体制目标的会议是（　　）。

A. 中共十三大　　B. 中共十四大

C. 中共十五大　　D. 中共十六大

24. 2005 年，第十届全国人民代表大会第三次会议通过的法律是（　　）。

A.《中华人民共和国香港特别行政区基本法》

B.《中华人民共和国澳门特别行政区基本法》

C.《中华人民共和国国家安全法》

D.《中华人民共和国反分裂国家法》

25. 中共十八大提出，我国到 2020 年的奋斗目标是（　　）。

A. 实现"四个现代化"　　B. 基本实现现代化

C. 全面建设小康社会　　D. 全面建成小康社会

第二部分　非选择题（50 分）

二、简答题（本大题共 5 小题，每小题 6 分，共 30 分）

26. 洋务运动的历史作用。

27. 中国早期马克思主义信仰者的三种类型及其代表人物。

28. 20 世纪 20 年代后期和 30 年代前期，中共党内屡次出现“左”倾错误的主要原因。

29. 新民主主义革命的总路线和三大经济纲领。

30. 毛泽东提出的关于社会主义的发展阶段和现代化建设的战略目标。

三、论述题（本大题共3小题，考生任选其中2题作答，每小题10分，共20分。考生回答的题目超过2题，只按考生回答题目的前2题计分）

31. 1905年至1907年资产阶级革命派与改良派的论战及其意义。

32. 毛泽东在《论持久战》一文中对中日双方互相矛盾的四个特点的分析。

33. 我国对个体农业进行社会主义改造的基本原则和方针。

2018 年 4 月全国高等教育自学考试
中国近现代史纲要试卷
参考答案

（课程代码　03708）

一、单项选择题（本大题共 25 小题，每小题 2 分，共 50 分）

1. B	2. C	3. D	4. A	5. D	6. C	7. A	8. A	9. B
10. B	11. C	12. D	13. A	14. B	15. A	16. A	17. D	18. C
19. B	20. C	21. C	22. A	23. B	24. D	25. D		

二、简答题（本大题共 5 小题，每小题 6 分，共 30 分）

26. 答：（1）在客观上促进了中国早期工业和民族资本主义的发展。洋务派继承了魏源的“师夷长技以制夷”的思想，以“求强”“求富”为目标，发展军事工业，发展若干民用企业，使资本主义经济成分在社会经济中明显增长。

（2）成为中国近代教育的开端。为了培养新式外交、军事、科技人才，洋务派开办了一批新式学堂，派出了最早的官派留学生，这是中国近代教育的开始。

（3）传播了新知识，打开了人们的眼界。洋务派翻译了一批西学的书籍，介绍西方近代的科学文化知识，给当时的中国带来新知识、新学问，开阔了人们的眼界。

（4）引起了社会风气和价值观念的变化。随着洋务运动的兴起和资本主义生产方式的出现，传统的价值观念也受到冲击，社会风气也有所改变，这都有利于资本主义的发展，有利于社会风气的转变。

27. 答：（1）五四运动前的新文化运动的精神领袖。其代表是李大钊、陈独秀。

（2）五四运动中的左翼骨干，其代表为毛泽东、杨匏安、蔡和森、周恩来等。

（3）一部分原中国同盟会会员、辛亥革命时期的活动家，其代表为董必武、林伯渠、吴玉章等。

28. 答：（1）八七会议后，党内一直存在着浓厚的近乎拼命的冲动，始终没能够从指导思想上得到认真清理。

（2）全党的马克思主义理论准备不足，理论素养还不高，实践经验也很缺乏，王明又时时搬出马克思主义的词句来吓唬人，容易使一些干部受到蒙骗。

（3）共产国际的干预以及王明的全力支持，使许多人失去识别和抵制能力。

29. 答：（1）1948 年 4 月，毛泽东在《晋绥干部会议上的讲话》中完整地提出中国共产党在新民主主义革命阶段的总路线和总政策是：无产阶级领导的，人民大众的，反对帝国主义、封建主义和官僚资本主义的革命。

（2）1947 年 12 月，毛泽东在《目前形势和我们的任务》的报告中提出了新民主主义革命的三大经济纲领，即没收封建阶级的土地归农民所有，没收以蒋介石、宋子文、孔祥熙、陈立夫为首的垄断资本归新民主主义的国家所有，保护民族工商业。

30. 答：（1）社会主义的发展阶段：社会主义分为两个阶段：第一阶段是不发达的社会主义，第二阶段是比较发达的资本主义。后一阶段可能比前一阶段需要更长时间。

（2）社会主义现代化建设的战略目标是要把中国建设成为一个具有现代农业、现代工业、现代国防和现代科学技术的强国。

三、论述题（本大题共 3 小题，考生任选其中 2 题作答，每小题 10 分，共 20 分。考生回答的题目超过 2 题，只按考生回答题目的前 2 题计分）

31. 答：（1）论战的主要内容：

第一，要不要以革命手段推翻清政府（这是论战的焦点）；

第二，要不要推翻帝制，实行共和；

第三，要不要社会革命。

（2）重要意义：第一，论战划清了革命与改良的界限，使人们清楚地认识到实行民主革命的必要性，主动参加到革命的行列；第二，论战使资产阶级民主思想和三民主义思想得到了更加广泛的传播，为推翻清朝统治的革命斗争奠定了思想基础。

32. 答：中日双方存在着互相矛盾的四个特点：敌强我弱，敌小我大，敌退步我进步，敌寡助我多助。一方面，日本是强国，中国是弱国，这就决定了抗日战争只能是持久战。另一方面，日本是小国，发动的是退步的、野蛮的侵略战争，在国际上失道寡助；而中国是大国，进行的是进步的、正义的反侵略战争，在国际上得道多助。中国已经有了代表中华民族和中国人民根本利益的共产党及领导的人民军队和抗日根据地。因此，最后胜利是中国的。

33. 答：（1）在中国的条件下，可以走先合作化、后机械化的道路。在土地改革基本完成后，及时将“组织起来”作为农村工作的一件大事来抓。

（2）充分利用和发挥土改后农民生产积极性，通过互助组、初级农业生产合作社（初级社）、高级农业生产合作社（高级社）这种由低到高的互助合作组织形式，实行积极发展、稳步前进、逐步过渡的方针。

（3）农业互助合作的发展坚持自愿和互利原则，采取典型示范、逐步推广的方法，发展一批，巩固一批。

（4）始终把是否增产作为衡量合作社是否办好的标准。

（5）把社会改造同技术改造相结合，在实现农业合作化后，国家努力用先进技术和装备发展农业经济。